LEIBNIZ BLÄTTER VERLAG

Die Acht vom großen Fluss (6)

AF670582

CIP-Kurztitelaufnahme der Deutschen Bibliothek
Kuhnke, Gabriele:
Die Acht vom großen Fluss / Gabriele Kuhnke
Bd. 6. Die verschwundene Goldmünzen
Originalausgabe erschienen: 1987

Illustrationen: Kollektiv der Leibniz Privatschule
Kaltenkirchen, unter der Leitung von
Sabine Helgesson (Titel),
Illustrationen in diesem Band:
Pia Lindner und Lene Ertl
Layout: Georg von Sternberg

Überarbeitete Neuauflage 2021
Leibniz Blätter Verlag, Kiebitzreihe b. Hamburg

Herstellung: BoD – Books on Demand,
Norderstedt

ISBN: 978-3-9822832-3-4
E-BOOK: 978-3-9822896-3-2

LEIBNIZ BLÄTTER VERLAG

Gabriele Kuhnke

Die Acht vom großen Fluss

Die verschwundenen Goldmünzen

Die Acht:

Sabine, 12, schulterlanges, dunkles Haar, als einzige nicht blond; spitze, schmale Nase; dicke Ponyfrisur. Wittert dauernd spannende Fälle. Sehr pfiffig.

Bastian, 12,
hat kurzes blondes Stoppelhaar und sehr abstehende Ohren. Ist der Anführer der Jungen. Intelligent. Manchmal muffelig.

Heike, 12, und Heiko, 11, Geschwister, haben beide ganz kurz geschnittenes blondes Haar. Heiko weiß immer alles, Heike ist sehr tierliebend und weichherzig. Hilfsbereit sind beide. Die Geschwister besitzen zusammen eine kleine Segeljolle, da sie auf einer Insel wohnen.

Susanne (Su), 8, Sabines jüngere Schwester, die immer mit will. Hat dünne, widerspenstige, rotblonde Zöpfe, ist lustig, lacht und weint viel, hat Sommersprossen. Su ist eine Nervensäge, aber lieb.

Florian (Flo), 10, hat ganz dicke blonde Locken (um die ihn die Mädchen beneiden). Flo ist klein und dünn, ein bisschen ängstlich. Liest leidenschaftlich gern.

Goldhamster Husch ist Heikes Liebling. Er sitzt meistens unter ihrem Pullover und ist immer dabei. Sein Fell ist besonders seidig. Ein großer Nüsse-Hamsterer. Kommt auf Heikes Pfiff. Fürchtet Kater Bandit wie den Teufel, da er dessen Absichten kennt.

Kater Bandit wurde irgendwann von Sabine halb ertrunken gefunden und adoptiert. Die Familie liebt ihn. Bandit ist pechschwarz mit weißen Pfoten. Er hat nur ein Auge. Hofft, irgendwann Hamster Husch zu erwischen. Geht meistens mit den Kindern mit. Ist ein ganz besonderer Kater.

Inhalt

Gabriele Cecilia Kuhnke (geb. Ammermann;* 19. Juni 1946 in Olsberg) ist eine deutsche Schriftstellerin; sie hat sich vor allem durch ihre Kinder- und Jugendbücher einen Namen gemacht. Geboren im Sauerland, besuchte sie in Arnsberg das Mädchen-Gymnasium. Seit ihrer Kindheit fühlte sie sich zu Wasser und Schiffen hingezogen, arbeitete nach ihrer Schulzeit auf einem Rhein-Schleppkahn. Die zwölfbändige Reihe ***Die Acht vom großen Fluss*** erschien erstmals zwischen 1985 und 1991im Schneider-Buch-Verlag. Sie lebt in Sommerland zwischen Elmshorn und Glückstadt.

Ein verpasster Schulbus

„Achtung, die Maak kommt.“

Meine Freundin Heike, die vor der Tür Wache steht, stürzt in die Klasse. Die zwanzig Jungen und Mädchen, die eben noch übermütig um Tische und Stühle tobten, drängen auf ihre Plätze. Mein Vetter Bastian springt hastig von der Fensterbank und reißt dabei mit seinen langen Beinen meine Tasche um.

„Mensch, pass doch auf“, fahre ich ihn an.

„War keine böse Absicht, Sabine“, versucht Bastian mich zu besänftigen.

Ärgerlich sammele ich herausgefallene Bücher und Hefte ein. Als ich mit meinem Kopf wieder über der Tischplatte auftauche, sitzt Heike bereits neben mir. Die Tür wird schwungvoll geöffnet, und Frau Maak stolziert zum Pult. Bei ihrem Anblick bekomme ich plötzlich ein flaues Gefühl in der Magengegend. Dieses Gefühl wird von einem dicken Stoß Hefte verursacht, die sie unter dem Arm trägt und krachend auf den Tisch wirft. Zwanzig Augenpaare starren wie gebannt auf die Klassenarbeitshefte.

Erregt stoße ich Heike mit dem Ellbogen in die Seite.

„Das darf doch nicht wahr sein“, zische ich erschrocken. Heike zieht eine Grimasse. „Englisch-Arbeit, au Backe.“

Ein aufrührerisches Raunen geht durch die Klasse, als Frau Maak die Hefte verteilt. Schließlich meldet sich Bastian als Klassensprecher zu Wort: „Frau Maak, wollen Sie etwa eine Englisch- Arbeit schreiben lassen?“

„Yes, I do." Frau Maak teilt unbeirrt weiter Hefte aus. „Aber Sie haben die Arbeit nicht im Klassenbuch eingetragen, und außerdem ist jetzt die letzte Schulstunde. Alle sind total geschafft."

Ein zustimmendes Gemurmel geht durch die Reihen. Ich fange an, Hoffnung zu schöpfen, doch da sagt Frau Maak ungerührt: „Es ist nur eine Vokabelarbeit. Dazu kommt ein kurzer Text, in den die richtige Zeit einzusetzen ist, simple past oder present perfect, wie wir es ja die letzten Wochen bis zum Überdruss geübt haben. Das Ganze ist in fünf Minuten zu schaffen. Jetzt hört auf zu maulen, und fangt an. Je länger ihr euch aufregt, umso weniger Zeit bleibt euch."

Frau Maak zieht sich an ihren Tisch zurück und nimmt ein Buch zur Hand. Allerdings habe ich den Verdacht, dass sie nur so tut, als ob sie vertieft lese, und uns stattdessen durch ihre Brille beobachtet.

Bastian streicht ergeben durch seine strohblonden Stoppelhaare und versucht ein aufmunterndes Grinsen, als ich ihm einen hilfeflehenden Blick zuwerfe.

Misstrauisch, als würde es beißen, schlage ich das Heft auf und betrachte den Zettel. So eine Gemeinheit von der Maak. Normalerweise kündigt sie einige Tage vorher an, wann eine Arbeit geschrieben wird. Dann kann man sich wenigstens vorbereiten. Wer rechnet denn damit, dass sie in der letzten Schulstunde und noch dazu an einem Freitag eine Arbeit schreiben lässt.

Seufzend nage ich an meinem Füller. Das kann ja heiter werden. Natürlich habe ich keine Vokabeln gelernt, und natürlich habe ich keine Ahnung von simple past oder present perfect.

Vor mir sehe ich nur noch gebeugte Rücken. Es ist so still in der Klasse, dass man sogar das Brummen einer dicken Fliege hört. Ich schiele auf Heikes Heft. Ein Glück, dass ich lange Ponyfransen habe, da fällt es Frau Maak nicht auf, wenn meine Augen mehr auf Heikes Heft als auf mein eigenes gerichtet sind.

„Was heißt luggage?", raunt Heike mir zu.

Ich zucke bedauernd die Schultern. „Keine Ahnung." Das einzige Wort, das ich kenne, ist seasick. Seekrank schreibe ich daneben, und genauso fühle ich mich auch. Richtig schlecht ist mir geworden, und dabei habe ich mich vor fünf Minuten noch so auf das freie Wochenende gefreut.

Als es klingelt, fahre ich erschrocken zusammen. Sehr viel steht noch nicht in meinem Heft. Heike stößt mich an und rollt mir eine Papierkugel zu. Bastian, der hinter ihr sitzt, hat sie herübergeworfen. Hastig rolle ich den Mogelzettel auseinander und schiebe ihn zur Hälfte unter die Federtasche.

Das habe ich mir gedacht. Bastian weiß natürlich alles, obwohl ich wetten möchte, dass er nicht öfter in die Bücher geguckt hat als ich. Bastian braucht nur eine Vokabel zu lesen, und schwupp ist sie in seinem Gehirn für alle Zeiten eingespeichert, während Heike und ich mühsam alles lernen müssen.

Während sonst beim Klingelzeichen alle hochschnellen und hinausstürzen, erhebt sich heute außer Frau Maak niemand. Draußen auf dem Gang lärmen die Kinder aus den anderen Klassen, die jetzt schulfrei haben.

„Nanu?" Frau Maak wundert sich. „Ist noch niemand fertig? Nicht einmal du, Bastian?“

Da kann man mal sehen, wie sie wieder übertrieben hat mit ihrer Fünf-Minuten-Arbeit. Vierzig Minuten zerbreche ich mir jetzt bereits den Kopf über zwanzig Vokabeln und zwanzig Sätze.

„Nun gut“, lenkt Frau Maak ein. „Noch zehn Minuten.“ Heike blickt auf ihre Armbanduhr. „Wir müssen los“, zischt sie mir zu, „sonst ist der Bus weg.“

Ist mir egal. Was interessiert mich der Bus, wenn ich gerade einen Mogelzettel bekommen habe und damit die Möglichkeit, meine schon sichere Sechs in eine Vier oder gar Drei zu verwandeln.

Ich antworte nicht, beuge mich tief über mein Heft und schreibe angestrengt. Aus den Augenwinkeln beobachte ich dabei Frau Maak und Bastian. Bastian bleibt ebenfalls in der Klasse, obwohl er seine Arbeit abgegeben hat. Ich muss grinsen, weil er mir beschwörende Blicke zuwirft und besorgt mit den Ohren wackelt. Er fürchtet wohl, dass Frau Maak seinen Mogelzettel entdeckt, der gut sichtbar unter meiner Federtasche hervorlugt. Dann ist uns beiden eine Sechs sicher. Da kennt Frau Maak keine Gnade. Wen sie beim Mogeln erwischt, der bekommt unbarmherzig eine Sechs. Ich habe ja nicht viel zu verlieren. Aber Bastian wird bestimmt außer sich vor Wut sein, wenn er auf diese Art und Weise statt einer Zwei oder Eins eine Sechs einheimst.

„Schluss jetzt. Hefte abgeben.“ Frau Maak wandert durch die Reihen und nimmt den noch emsig Schreibenden die Hefte fort.

„Pass auf“, zischt Heike mir warnend zu: „Sie kommt.“

Irgendwie ist mir das jetzt egal. Entweder alles oder nichts. Noch zwei Vokabeln, und ich bin fertig.

Da greift eine Hand nach meinem Heft und gleichzeitig eine zweite nach dem Zettel unter der Federtasche.

Mich durchfährt ein eisiger Schreck. Nun hat sie mich also doch erwischt. Mist. Als nichts weiter geschieht, merke ich erst, dass die zweite Hand nicht zu Frau Maak gehört, sondern zu Bastian, der den verräterischen Zettel in der Faust zerknüllt, während er langsam aus der Klasse geht.

„Puh, das ging ja noch mal gut." Ich sehe Heike an, und Heike sieht mich an. „Schnell, Sabine, vielleicht erwischen wir den Bus noch."

Wir schnappen unsere Taschen und rennen die Treppe hinunter zum Ausgang. An der Haltestelle, an der mittags ein wüstes Gedränge und Geschubse herrscht, ist gähnende Leere. Keine Kinder und erst recht kein Bus. Nur Bastian lehnt einsam an der Haltestelle und starrt uns grimmig entgegen.

„Das sage ich dir, Sabine", schnauzt er mich wütend an, „von mir bekommst du keinen Mogelzettel mehr. Bei der nächsten Arbeit kannst du deinen Grips allein anstrengen. Wie kannst du nur so blöd sein und den Zettel offen auf den Tisch legen."

„Er lag ja zur Hälfte unter meiner Federtasche", verteidige ich mich schwach.

„Um ein Haar hätte Frau Maak ihn gesehen. Sie stand ja schon neben dir."

„Ach, die kann doch in der Nähe nicht gut sehen", verharmlose ich die Sache.

„Sie hatte aber ihre Brille auf", giftet Bastian mich an.

„Regt euch nicht auf, es ist ja gutgegangen", versucht Heike uns zu beruhigen.

„Aber nur, weil ich geistesgegenwärtig den Zettel

weggenommen habe, als ich rausging." Bastian wütet noch immer. „Sonst hätte ich jetzt eine Sechs gehabt."

„Na und", rufe ich und schüttele meine Ponyfransen.

„Du kannst eine Sechs eher verkraften als ich."

„Hört auf, euch zu zanken", beschwichtigt Heike uns.

„Wir haben andere Probleme. Der Schulbus ist weg. Wie sollen wir jetzt nach Diekhusen kommen?"

Bis nach Diekhusen sind es beinahe sechs Kilometer. Außer dem verpassten Schulbus fährt kein anderer Bus mehr dorthin.

„Mist." Heike ist ärgerlich. „Ausgerechnet heute gibt es bei uns zu Mittag Sauerkraut mit Kassler und Kartoffelbrei." Sie leckt sich die Lippen. „Heiko segelt jetzt schon mit der HAI zum Bananensand und futtert dann meinen Kartoffelbrei, während mein Magen lauter knurrt, als Wotan bellen kann."

Das ist von Heike natürlich maßlos übertrieben. Wotan ist nämlich ein Schäferhund; er nimmt es mit seinem Gebell an Lautstärke jederzeit mit Heikes Magenknurren auf.

Heiko ist Heikes um elf Monate jüngerer Bruder. Da die beiden auf einer Insel mitten im Fluss wohnen, segeln sie jeden Morgen mit ihrer Jolle nach Diekhusen, wo sie ihr Boot im kleinen Hafen vertäuen und mit uns anderen im Schulbus nach Glückstadt zur Schule fahren.

„An allem ist Frau Maak schuld." Ich mache meinem Unmut Luft. „Warum lässt sie auch in der letzten Stunde am Freitag eine Arbeit schreiben? Doch nur, um uns das Wochenende zu vermiesen."

„Sie liebt eben Überraschungen", sagt Bastian bitter.

„Von solchen Überraschungen halte ich nicht viel", brummt Heike. „Zu Fuß laufe ich nicht nach Diekhusen. Das halten meine Füße nicht aus."

„Ich rufe zu Hause an", tröste ich sie. „Mama kann uns rasch mit dem Auto abholen."

Wir schlendern die Straße entlang zur Telefonzelle. Nachdem Bastian widerwillig zwei Geldstücke hervorgekramt hat, wähle ich unsere Nummer. Es tutet mindestens achtmal, bis endlich die piepsige Stimme meiner kleinen Schwester Susanne an mein Ohr dringt. „Hier ist Susanne Rehder."

„Und hier ist der Weihnachtsmann", schnaube ich in den Hörer. „So lange dauert das nämlich, bis du mal ans Telefon gehst."

„Wenn du mich anschnauzt, Sabine, lege ich gleich wieder auf."

„Nein, warte", rufe ich besänftigend. Meine

Schwester bringt es tatsächlich fertig und legt den Hörer wieder auf.

„Wo steckst du überhaupt?“, dringt ihre vorwurfsvolle Stimme an mein Ohr. „Bastian und Heike waren auch nicht im Bus. Musstet ihr nachsitzen?“

„Quatsch. Wir haben den Bus ganz einfach verpasst. Gib mir mal Mama.“

„Geht nicht.“

„Warum nicht?“

„Weil Mama gerade im Garten ist, um Petersilie für die Gemüsesuppe zu pflücken.“

„Dann bestell ihr, dass sie uns bitte abholen möchte. Wir warten am Marktplatz.“

„Geht auch nicht“, flötet Su zuckersüß. „Papa ist heute Morgen mit dem Wagen zum Zollkreuzer gefahren, und er kommt erst abends zurück.“

„Was sollen wir denn jetzt machen?“

„Geht zu Fuß. Das ist gesund.“

Knack, meine kleine, freche Schwester hat einfach eingehängt.

Wütend öffne ich die Zellentür.

„Fehlanzeige. Mama hat kein Auto.“

„Dann ruf meine Mutter an.“ Schweren Herzens fischt Bastian noch mal Geldstücke aus seinem Portemonnaie. Ich verschwinde erneut in der Zelle.

„Hier Runge“, vernehme ich kurz darauf Tante Almuts Stimme.

„Hallo, Tante Almut, ich bin's, Sabine.“

„Ach, Sabine. Sag mal, ist Bastian bei dir? Wo steckt ihr eigentlich? Der Bus ist schon längst durchgefahren.“

„Heike, Bastian und ich haben ihn verpasst, weil wir eine Englisch-Arbeit geschrieben haben.“

„Was für eine Arbeit?“ unterbricht mich Tante Almut.

„Eine Englisch-Arbeit“, rufe ich in den Hörer. „Jetzt sitzen wir hier fest.“

„Kann Uta euch denn nicht abholen?“

„Mama hat keinen Wagen. Papa ist damit zum Zollkreuzer gefahren.“

„Gut, gut“, unterbricht Tante Almut mich ungeduldig. „Ich hole euch ab. Aber es dauert mindestens eine halbe Stunde. Der Heizungsmonteur ist hier. Ich kann nicht sofort weg.“

„Okay, wir warten am Marktplatz auf dich.“

„Deine Mutter holt uns in etwa einer halben Stunde ab“, rufe ich Bastian zu, der mit Heike auf dem Zaun sitzt und mit den Beinen baumelt.

„Was machen wir so lange?“, fragt Bastian.

„Pommes frites essen“, schlägt Heike vor. „Ich habe einen Mordshunger.“

„Hast du Geld?“

„Nee“, meint Heike verdattert. „Mein Taschengeld ist alle.“

„Meins auch“, sage ich. „Ich bekomme erst morgen neues.“

Hoffnungsvoll blicken wir Bastian an. Der kehrt von seinem Portemonnaie das Innere nach außen. Nur ein Groschen kommt zum Vorschein.

„Zehn Cent – das langt ja nicht mal für ein Eis.“, ruft Heike enttäuscht.

Wir schlendern über den Marktplatz, von dem die Straßen in alle Himmelsrichtungen strahlenförmig ab zweigen, am alten Rathaus vorbei und biegen in die Hauptgeschäftsstraße ein. Sehnsüchtig bleiben wir eine Weile vor dem italienischen Eiscafé stehen. Aber so sehr uns auch beim Anblick der verlockenden Eiswaffeln das Wasser im Mund zusammenläuft, wir haben nicht genug Geld, um uns auch nur eine Eiskugel zu leisten.

Missmutig schlendern wir weiter, an einem Elektrogeschäft und an einer Boutique vorbei. Vor der Buchhandlung halten wir an und betrachten die ausgestellten Bücher im Schaufenster.

„Gut, dass Flo nicht bei uns ist“, lache ich unwillkürlich.

„Sonst kämen wir die nächste Stunde nicht mehr hier weg.“

Flo, der eigentlich Florian heißt und in Diekhusen, Haus Nummer 1, wohnt, ist eine richtige Leseratte. Kein Buch ist vor ihm sicher.

Plötzlich fasst mich Bastian am Jackenärmel. „Sieh mal, Sabine, ist das dort drüben auf der anderen Straßenseite nicht Arne? Was hat der denn vor?“

Arne lernt seit zwei Jahren bei Herrn Meyer das Bäckerhandwerk. Klaus Meyer, dem die alte Windmühle gehört, die etwas außerhalb von Diekhusen mitten in der Marsch liegt, ist nicht nur Müller-, sondern auch Bäckermeister. Täglich bäckt er in seiner modern eingerichteten Backstube nach eigenem Rezept Vollkornbrot und Brötchen. Er beliefert die Geschäfte in den umliegenden Dörfern und besitzt in Glückstadt ein eigenes Geschäft.

Arne benimmt sich in der Tat seltsam. Den Kopf tief zwischen den Schultern vergraben, späht er rasch die Straße hinauf und hinunter. Hastig überquert er sie und verschwindet etwas überstürzt in einer Nebengasse.

Unsere Neugierde ist erwacht. Warum benimmt sich Arne so sonderbar?

„Los, hinterher“, kommandiert Bastian. „Das müssen wir wissen.“

Als wir in die Gasse einbiegen, sehen wir Arnes lange, schlaksige Gestalt gerade noch durch eine Drehtür verschwinden.

„Ach“, sagt Bastian überrascht. „Das ist die neue Spielhalle, die vor vier Wochen aufgemacht hat.“

„Was tut Arne denn da?“, frage ich überflüssigerweise.

„Na, was wohl? Dreimal darfst du raten. Spielen natürlich.“

„Aber es ist doch erst Mittag. Da müsste er doch noch in der Bäckerei arbeiten.“

„Vielleicht hat er Urlaub.“ Bastian zuckt die Achseln und will sich abwenden.

„Warte doch mal. Ich verstehe nicht, warum Arne so geheimnisvoll tut.“

„Er möchte wohl nicht, dass ihn jemand sieht, wenn er in die Spielhalle geht“, meint Heike.

Neugierig blicke ich durch die Scheibe der Drehtür. Im Raum dahinter herrscht Halbdunkel. Nur von den Flipperautomaten flimmern grellbunte Lichtstreifen über die Gesichter der Spieler. Heike hält mich am Ärmel fest, als ich durch die Tür gehen will.

„Halt, Sabine. Du darfst nicht in die Spielhalle. Du bist erst zwölf und noch keine achtzehn.“

Ich reiße mich los und husche wie ein Wiesel durch die Drehtür. Kaum haben sich meine Augen an das Dämmer licht gewöhnt, sehe ich, wie sich im Hintergrund eine Gestalt in einem Glaskasten erhebt und rasch auf mich zukommt. Das ist wohl so ein Aufpasser. Schleunigst trete ich den Rückzug an. Ich habe in der kurzen Zeit genug gesehen, ältere und jüngere Typen, die gierig die Hebel der Automaten bedienen, zwischen ihnen Arne, der, ohne mich zu bemerken, den Glücksspielautomaten anstarrt, als hinge sein Leben von einem Gewinn ab.

„Na“, grinst Bastian spöttisch, als ich aus der Drehtür sause. „Lange warst du nicht da drin.“

„Es hat mir auch gereicht. Kinder, da halten sich vielleicht Typen auf. Wisst ihr, was so ein Spiel kostet?“

„Keine Ahnung“, brummt Heike.

„Einen Euro mindestens“, gibt Bastian Auskunft. „Die meisten Glücksspiele kosten bestimmt fünf Euro.“

„Das ist ja mehr, als ich in der Woche Taschengeld kriege“, sage ich entsetzt. „Nicht mal einen Groschen würde ich in so einen dämlichen Kasten werfen. Da müsste ich ja schön blöd sein.“

„Dann ist Arne eben schön blöd. Ist ja schließlich seine Sache, wenn er sein Geld verspielt, und nicht unsere.“

In diesem Moment konnte Bastian nicht ahnen, dass es sehr bald auch unsere Sache werden würde.

Eine Einladung

Heike blickt auf ihre Armbanduhr und ruft erschrocken:

„Die halbe Stunde ist um. Vielleicht wartet Bastians Mutter schon am Marktplatz.“

Wir laufen zur Hauptstraße zurück. Dabei rennen wir beinahe eine große Frau um, die mit zwei riesigen Körben aus einem Bäckerladen kommt.

„Entschuldigung“, stammeln wir.

„Habt ihr es aber eilig, ihr Acht vom großen Fluss“, sagt sie belustigt. „Ihr seid heute ja nur zu dritt. Wo ist der Rest eurer Bande?“

Wir bleiben überrascht stehen. „Ach, Sie sind's, Frau Meyer“, japse ich außer Atem. „Flo, Su und Heiko sind längst zu Hause. Wir haben den Bus verpasst.“

„Da habt ihr Glück. Ihr könnt mit mir fahren. Ich habe eben frische Brote zum Laden gebracht und will jetzt wieder zur Mühle zurück.“

„Prima“, ruft Bastian. „Meine Mutter will uns zwar abholen. Aber sie ist noch nicht da.“

„Wenn wir sie unterwegs treffen, winken wir ihr zu.“

Wir folgen Britta Meyer zum Kombiwagen und steigen ein.

„Heute geht alles ein wenig hektisch bei uns zu“, seufzt sie, als sie den Sicherheitsgurt umlegt. „Sonst liefert Arne die Brote aus. Leider ist er seit gestern krank.“

Wir werfen uns bedeutsame Blicke zu. Aha, jetzt weiß ich auch, warum Arne so vorsichtig Umschau gehalten hat, bevor er die Hauptstraße überquert hat. Der Bäckerladen grenzt nämlich an die Gasse, in der sich die Spielhalle befindet. Klar, dass Arne von der Verkäuferin und von Britta Meyer nicht gesehen werden wollte.

Der Kombi braust am Hafenbecken vorbei. Einige alte Schuten rosten dort still vor sich hin. Draußen hinter der Schleuse hat der grüne Zollkreuzer seinen Liegeplatz, auf dem mein Vater Kapitän ist. Die meiste Zeit ist er auf der Elbe unterwegs, um aufzupassen, dass der Fluss von anderen Schiffen nicht durch Ölreste verschmutzt wird, und dann muss er natürlich kontrollieren, ob an Bord der ankommenden Frachtschiffe keine Schmuggelware versteckt ist. Manchmal fährt er auch Seestreife bis zur Felseninsel Helgoland in der Nordsee. Dann bleibt er oft zwei bis drei Tage fort.

Die Häuser von Glückstadt bleiben hinter uns zurück, und wir fahren durch die grüne Marsch. An unserer rechten Seite schlängelt sich der Deich dicht an der Straße entlang. Auf der anderen Seite breiten sich endlose Wiesen aus. Ab und zu entdecken wir in der Ferne einige dichte Baumgruppen, hinter denen sich immer ein Bauernhof verbirgt.

„Hört mal, Kinder", weckt uns Britta Meyer aus unseren Gedanken. „Denkt ihr eigentlich noch an unsere Einladung vor einigen Wochen? Oder habt ihr sie vergessen?"

„Nein", versichert Bastian. „Wir hatten bis jetzt keine Zeit."

„Wie wär's denn mit heute Nachmittag?", fragt Britta Meyer munter. „Ich backe euch einen Apfelkuchen."

„Super!", rufen wir ehrlich begeistert. Wir finden den Vorschlag toll. Frischer Apfelkuchen mit Schlagsahne ist nicht zu verachten, besonders nicht, wenn man so knurrende Mägen hat wie wir.

„Ihr würdet mir wirklich einen großen Gefallen tun, wenn ihr kommt. Ich habe nämlich aus München einen elfjährigen Jungen, den Toni, zu Besuch. Er ist der Sohn meiner Schwester. Toni ist seit zwei Wochen bei uns, und ich glaube, dass er sich schrecklich langweilt, nur mit meinen beiden kleinen Töchtern als Spielgefährten."

Die neun Häuser von Diekhusen, die sich in einer langen Reihe eng an den Deich schmiegen, kommen in Sicht. Britta Meyer hält vor Haus Nummer 9, dem Café, das Tante Almut und Onkel Henning gehört.

„Na, was ist?“, fragt sie gespannt.

„Okay, wir kommen“, antwortet Heike für uns. „Passt es Ihnen so zwischen drei und vier Uhr?“

„Sicher. Dann bis später.“

Wir schlagen die Türen zu, und der Kombi braust davon.

„Dass die Meyers Besuch aus München haben, passt mir nicht“, brumme ich. „Hoffentlich kann man mit diesem Toni was anfangen.“

„Warte es ab“, beschwichtigt Heike mich. „Vielleicht ist er ganz nett. Hingehen und Apfelkuchen essen können wir auf jeden Fall. Wenn er uns dann blöd vorkommt, fahren wir eben wieder nach Hause.“

„Okay, abgemacht.“ Meine Miene klärt sich auf. „Wann wollen wir uns treffen?“

„Um drei am Hafen“, ruft Bastian.

Tante Almut stürzt mit wehenden Haaren und flattern der Jacke aus dem Haus. Wie immer ist sie in Eile.

„Ach, da seid ihr ja schon.“ Verdutzt bleibt sie auf der Auffahrt stehen und klimpert mit den Autoschlüsseln.

„Gerade wollte ich losfahren und euch holen.“

„Frau Meyer von der alten Mühle hat uns mitgenommen“, erklärt Bastian und schlendert pfeifend ins Haus.

„Das ist prima. Dann habe ich eine Fahrt gespart.“ Sie dreht sich auf dem Absatz um und eilt ins Haus zurück. Heike und ich laufen durch die Öffnung im Deich zum Hafen. Segelboote aller Klassen schaukeln fest vertäut an ihren Stegen. Nur die HAI ist nicht darunter. Damit ist Heiko längst zur Insel zurückgekehrt.

Ich lege die Hand über die Augen und spähe über den breiten Fluss. Ein heller Sandstreifen, der bei Ebbe sehr breit ist, zieht sich um die Insel, die mitten im Strom liegt. Da sie die Form einer Banane hat, heißt sie Bananensand. Ein einziger Bauernhof steht auf der Insel. Heike und ich können einen Teil des riesigen Reetdaches durch die Bäume schimmern sehen. An einem kleinen Anlegesteg schaukeln zwei Boote. Das kleinere ist die Jolle von Heike und Heiko, das größere ist das Motorboot von Bauer Hansen, dem Vater der beiden.

„Wie komme ich jetzt hinüber?“ Heike runzelt die Stirn.

„Kann ich von euch aus anrufen, Sabine, damit Heiko mich abholt?“

„Ach was, du bleibst einfach bei uns, Heike. Wir rufen Heiko an, dass wir uns um drei Uhr am Hafen treffen wollen.“

„Super. Gibt es bei euch zufällig Kartoffelbrei zu essen?“

„Zufällig nicht. Su hat etwas von Gemüsesuppe erzählt. Du wirst es hoffentlich überleben, wenn du einmal auf deinen geliebten Kartoffelbrei verzichten musst.“

„Hast du etwas von überleben gesagt? Ich fürchte, ich halte nicht mehr lange durch, wenn ich nicht endlich etwas zu essen bekomme.“

Schneller als ich langt sie an unserer Ligusterhecke an und rennt über die Auffahrt zur Haustür.

Als ich sie eingeholt habe, steckt Su gerade ihre Stupsnase aus der Tür. „Wie seid ihr denn hergekommen? Hat Tante Almut euch geholt?“

„Nicht so neugierig sein.“ Ich ziehe ganz behutsam an einem ihrer strähnigen, rotblonden Zöpfe. Das hat bestimmt nicht wehgetan, trotzdem fängt Su gleich an zu plärren: „Mama, Sabine ärgert mich.“

Meine Mutter steckt den Kopf aus der Küche. „Kaum seht ihr euch, zankt ihr euch schon wieder. Hallo, Heike, willst du bei uns essen?“

„Wenn es Ihnen recht ist, Frau Rehder“, sagt Heike.

„Natürlich. Wascht euch die Hände. Ich wärme inzwischen die Suppe auf. Su und ich haben schon gegessen.“

Während Su glücklicherweise verschwindet, um ihre Schularbeiten zu machen, kommt Bandit, unser pechschwarzer Kater mit den weißen Pfoten und nur einem Auge, neugierig aus der Küche. Er leckt sich die Schnurrhaare nach dem leckeren Mahl und maunzt uns träge an. Jetzt, da er satt ist, zeigt er kein Interesse für Heike. „Er riecht wohl, dass ich meinen Goldhamster nicht dabei habe.“ Heike lacht.

Langsam schleicht Bandit an uns vorbei zum Wohnzimmer. Bevor er mit der Pfote die Türe aufschiebt, äugt er forschend zur Küche. Da Mama sich nicht sehen lässt, nutzt er die günstige Gelegenheit und schlüpft rasch durch den schmalen Spalt.

Jetzt sucht er sich auf dem Sessel ein weiches Schlafplätzchen. Mama sieht es nicht gern, wenn der Kater auf den Polstermöbeln liegt. Das weiß Bandit ganz genau. Trotzdem versucht er immer wieder sein Glück. Und wir ermutigen ihn dabei.

Heike und ich zwinkern uns zu und stürmen in die Küche. Mit Heißhunger schlingen wir die Gemüsesuppe hinunter, und auch von der Quarkspeise bleibt nicht ein bisschen übrig.

„Gerade noch mal vor dem Verhungern gerettet", stöhnt Heike und lehnt sich zufrieden zurück. Mama, die sich eine Tasse Kaffee kocht, lacht belustigt.

„Ihr Armen. Weshalb habt ihr den Bus verpasst?"

„Wir haben eine Englisch-Arbeit geschrieben und sind nicht fertig geworden."

„Und wie war es?", erkundigt sich Mama interessiert.

Die Frage behagt mir nicht. An die Englisch-Arbeit möchte ich nicht so gern erinnert werden.

„Ach", sage ich beiläufig. „Frau Maak hat uns aus heiterem Himmel überfallen. Ich glaube, es macht ihr direkt Spaß, wenn wir mit dummen Gesichtern dasitzen und nichts wissen."

„Unsinn." Mama gießt kochendes Wasser auf das Filterpapier. „Zeit genug zum Lernen hast du ja wirklich, Sabine. Wie wäre es, wenn du deine Nase mal öfter in die Schulbücher stecktest?"

„Stell dir vor, wir haben Frau Meyer getroffen", lenke ich Mama von dem unangenehmen Thema ab. „Sie musste Brote ausliefern, weil Arne krank ist. Dabei haben wir ihn kurz vorher in der Spielhalle verschwinden sehen."

Mama blickt uns bestürzt an. „In der Spielhalle? Aber ich denke, er ist krank." – „Das hat er den Meyers wohl nur vorgeflunkert, damit er in Ruhe an den Automaten sitzen kann", sagt Heike empört.

„Das ist aber nicht gut." Mama regt sich richtig auf. „Wenn er sich aus dem Grund krank meldet, um in der Spielhalle zu sitzen, ist er ja bereits vom Spielteufel besessen."

„Wieso?" staune ich. „Er kann doch jederzeit wieder damit aufhören."

„Das ist ja das Traurige", ereifert sich Mama. „Viele können nicht mehr aufhören zu spielen, wenn sie erst einmal angefangen haben. Zuerst versuchen sie nur mal zum Spass ihr Glück an den Automaten, und wenn sie Geld gewinnen, spielen sie weiter, um noch mehr zu gewinnen. Und wenn sie viel Geld verlieren, spielen sie erst recht weiter, in der Hoffnung, doch noch alles zurückgewinnen zu können. Die Spielleidenschaft kann zu einer richtigen Sucht werden. Das kann so schlimm sein, dass manche Leute jeden Pfennig zu den Automaten tragen und sich sogar noch Geld leihen, um weiterspielen zu können."

Heike und ich sehen uns erschrocken an. So haben wir uns das nicht vorgestellt.

„Man sollte erst gar nicht zu spielen anfangen", sagt Mama nachdenklich. „Auch wenn man mal einen kleinen Gewinn erzielt, am Ende gewinnen doch immer nur die Automaten. Andernfalls würden die Spielhallen ja nicht allerorts wie Pilze aus dem Boden schießen."

„Arne tut mir richtig leid", seufzt Heike. „Hoffentlich ist er noch nicht süchtig geworden."

„Vielleicht kann Papa ja mal mit Herrn Meyer darüber reden", schlage ich vor. „Und der kann Arne hoffentlich klarmachen, wie gefährlich sso eine Spielleidenschaft sein kann."

„Das ist eine gute Idee", stimmt Mama zu. „Ich werde mal mit ihm darüber sprechen, wenn er heute Abend nach Hause kommt.

Meine Mutter nimmt ihre Kaffeetasse und zieht sich ins Wohnzimmer zurück. Sekunden später erschallt ein empörter Ausruf.

„Bandit, wie oft soll ich dir noch sagen, dass du nicht auf dem Sessel schlafen sollst. Leg dich in dein Körbchen."

Im Flur steht ein runder, weich gepolsterter Katzenkorb. Aber unerklärlicherweise zieht Bandit es vor, sein Mittagsschläfchen auf dem Sessel oder der Couch zu halten. Den hübschen Korb verschmäht er.

Mit beleidigter Miene erscheint Bandit in der Küche und maunzt mich hilfesuchend an.

Ich streiche über sein glänzendes Fell. Bandit hebt den Kopf, damit ich ihn unter dem Kinn kraulen kann, und schnurrt behaglich.

„Heiko kommt gegen drei mit der Jolle herüber", meldet Heike, die inzwischen zu Hause angerufen hat. „Ich habe ihm gesagt, dass er Husch mitbringen soll."

Husch ist Heikes Goldhamster. Von ihm mag sie sich nur ungern trennen. Wir nehmen unsere Taschen und steigen die Treppe zu meinem Zimmer hinauf, um rasch Schularbeiten zu machen. Wie immer, wenn wir zu zweit sind, übernimmt Heike Deutsch und ich Mathe. Anschließend schreiben wir voneinander ab. So haben wir die Hälfte Zeit gespart. In Englisch haben wir zum Glück nichts aufbekommen. Während wir angestrengt arbeiten, streckt sich Bandit zufrieden auf meinem Bett.

Völlige Ruhe breitet sich im Haus aus, die jäh von Su unterbrochen wird. Sie platzt herein und schreit laut: „Seid ihr fertig?"

Ärgerlich blicke ich von meinem Matheheft auf. „Musst du ausgerechnet jetzt stören? Nun kann ich die Aufgabe noch mal von vorn rechnen."

Su plumpst auf mein Bett und streichelt Bandit, der sich unwillig schüttelt.

„Merkst du nicht, dass der Kater schlafen will?“

Su springt auf und wühlt stattdessen in meinen Zeichnungen, was mich wahnsinnig nervt.

„Wie soll ich mich auf Mathe konzentrieren, wenn du meine Zeichnungen durcheinanderwühlst.“

„Stell dich nicht so an, Sabine.“ Su tut beleidigt. „Ich blättere sie nur um.“

„Eben. Sei ein liebes Kind, lauf zu Flo und sag ihm, dass wir heute bei den Meyers von der alten Mühle eingeladen sind.“

„Frau Meyer backt Apfelkuchen mit Schlagsahne“, fügt Heike verheißungsvoll hinzu.

„Oh, super.“ Su blickt auf und strahlt. „Wann fahren wir los?“

„Wir treffen uns in einer halben Stunde am Hafen.“

„Kann Gerapita auch mitkommen?“

Gerapita ist Sus Lieblingspuppe, die sie überall mit herumschleppt.

„Von mir aus“, stimme ich zu, um sie endlich loszuwerden.

Su springt davon. Auf der Treppe hören wir sie laut singen: „Die Schularbeiten sind vergessen, jetzt woll'n wir den Kuchen essen." Rums, fliegt die Haustür hinter ihr ins Schloss.

Endlich haben wir wieder Ruhe. Fünf Minuten, bevor die halbe Stunde um ist, schlagen wir aufatmend unsere Hefte zu.

Ich blicke aus dem Fenster über den Deich auf den Fluss. Ein großes Frachtmotorschiff kommt eben hinter dem Bananensand zum Vorschein und stampft elbabwärts dem Meer zu. Ein schwarzer Punkt rennt über den Steg der Insel. Das ist Heiko. Kurz darauf entfaltet sich ein weißes Segel am Mast der kleinen Jolle, und die HAI nimmt Kurs auf den Hafen von Diekhusen.

„Heiko ist im Anmarsch", melde ich.

„Dann nichts wie los."

Wir sausen die Treppe hinunter: „Mama, wir fahren zur alten Mühle. Frau Meyer hat uns eingeladen."

„Das passt gut", dringt Mamas Stimme aus dem Bad. „Ich ziehe mich gerade um und will dann zu Almut gehen, um ihr im Café zu helfen. Heute ist Freitag, und bald werden die ersten Gäste eintreffen."

„Darf Heike dein Fahrrad nehmen?"

„Ja. Aber kommt nicht so spät zurück."

Treffpunkt alte Mühle

Ich schiebe die Fahrräder aus der Garage.

„Wo steckt der Kater eigentlich?" Suchend blicke ich mich um. „Er ist den Deich rauf geklettert", gibt Heike Auskunft.

Am Nachbarhaus halten wir kurz an und veranstalten ein Klingelkonzert, bis Bastians Stoppelhaare hinter dem Küchenfenster erscheinen.

„Ich komme gleich nach“, ruft er uns zu.

Wir brausen durch die Lücke im Deich zum Hafen. Su und Flo spielen auf der Mole Fangen, während Bandit mit unbeteiligter Miene auf einem Poller sitzt. Eben läuft die HAI in den Hafen ein. Heiko, der auf dem Achter-Staukasten hockt und die Pinne umklammert, grinst über sein rundes Gesicht von einem Ohr zum andern. Jetzt springt er auf und lässt das Segel herab. Die HAI verliert augenblicklich an Fahrt und stößt sacht gegen die Hafenmauer.

„Fangt auf.“ Heiko schleudert ein Tau wie ein Lasso zu uns hinauf.

Im Eifer, es aufzufangen, treten sich Su und Flo gegenseitig auf die Füße. Ich schnappe ihnen das Tau vor der Nase weg und lege die Schlinge um einen Poller.

Da Ebbe ist und sich im kleinen Hafen kaum Wasser befindet, schwimmt das weiße Boot mit dem dunkelblauen Dollbord tief unter uns. Nur der glänzende Mast aus Aluminium ragt über die Hafenmauer. An der Spitze flattert lustig ein blau-weiß-roter Wimpel.

„Hast du Husch mitgebracht?“ Heike beugt sich weit über die Mauer.

Ihr Bruder nickt. Als er das Segel ordentlich zusammen gelegt und verstaut hat, klettert er flink wie ein Affe die eisernen Sprossen in der Hafenmauer hinauf. Er fasst unter seinen Pullover und zieht den Goldhamster darunter hervor.

„Er hat dauernd gefiept", erzählt er. „Bei mir ist er wohl nicht so gern."

Behutsam nimmt Heike ihren Liebling in Empfang. Er schnuppert aufgeregt an ihrer Hand. Das ist der richtige Geruch. Endlich ist er wieder bei Heike. Zufrieden richtet er sich auf ihrer Hand auf. Seine schwarzen Knopfaugen blicken uns munter der Reihe nach an.

„Pass auf", ruft Flo da erschrocken. „Bandit ist in der Nähe."

Bandit, der bis jetzt gelangweilt auf dem Poller gesessen hat, springt herab und pirscht sich vorsichtig heran. Aber Husch hat ihn bereits erspäht. Wie ein Blitz saust er an Heikes Arm hoch und taucht kopfüber in ihren schützenden Halsausschnitt.

Bandit miaut ärgerlich und blickt enttäuscht auf die Stelle von Heikes Pullover, unter der Husch verschwunden ist. Immer wieder versucht er, den armen Goldhamster zu fangen, doch zum Glück passt Heike gut auf.

„Eins, zwei, drei, vier, fünf, sechs, sieben", zählt Su. „Nun fehlt nur noch Bastian."

Ein schriller Pfiff ertönt. Bastian steht in der Deich durchfahrt. An jeder Hand hält er ein· Fahrrad. Wir ergreifen unsere Räder und laufen zu ihm hin.

„Mensch, Beeilung", raunzt Bastian uns an. „Wenn meine Mutter mich hier entdeckt, hat sie bestimmt wieder eine Aufgabe für mich."

Forschend blicken wir zu den Fenstern des Cafés hin auf. Von dort oben hat man einen herrlichen Blick über die Elbe. Kein Wunder, dass hier am Wochenende die Ausflügler gerne eine Pause einlegen, um Tante Almuts in der ganzen Region gerühmte

Erdbeertorte zu genießen und die großen Schiffe auf dem Fluss zu beobachten, die aus der ganzen Welt kommen und Waren nach Hamburg bringen.

Tante Almut lässt sich zum Glück nicht sehen. Rasch schwingen wir uns auf die Räder. Heiko bekommt das Rad von Onkel Henning, Bastians Vater.

Anstatt durch die Lücke im Deich zu fahren, nimmt Flo den umständlichsten Weg. Er kurvt mit seinem BMX-Rad den Deich hinauf. Su, die damit beschäftigt ist, ihre Puppe Gerapita in den Kindersitz zu zwängen, der an ihrer Lenkstange hängt, wirft ihm bewundernde Blicke zu.

„Toll, Flo."

Flo errötet vor Stolz und schüttelt übermütig seine Locken. Bastian nestelt für jeden von uns eine Tageszeitung aus der Tasche auf seinem Gepäckträger.

„Was soll das denn?", beschwert sich Heiko. „Suchst du Dumme, die für dich die Arbeit machen?"

„Umso schneller kommen wir zur Mühle und umso schneller zum Apfelkuchen", erklärt Bastian diplomatisch.

Murrend fügen wir uns.

Als ich die Nordische Rundschau in unseren Briefkasten werfe, holt Bandit mich außer Atem ein und maunzt vorwurfsvoll.

„Bandit, du Armer, dich habe ich ja ganz vergessen. Willst du mit zur alten Mühle?" Ich setze ihn in den Fahrradkorb auf meinem Gepäckträger. Da Bandit öfter mal mitfährt, liegt immer ein weiches Kissen für ihn darin.

Zufrieden rollte er sich zusammen.

Vor Haus Nummer 1 treffe ich die anderen wieder, die inzwischen ebenfalls ihre Zeitung verteilt haben. Flos kleine Zwillingsschwestern stehen auf ihren kurzen, strammen Beinchen hinter dem Zaun und lugen zwischen den Latten hindurch.

„Hallo, ihr Süßen“, ruft Heike fröhlich.

Sie mag kleine Kinder. Das ist das einzige, was ich an meiner Freundin nicht verstehe. Ich finde Su schon lästig genug, aber wenigstens braucht man auf sie nicht mehr so aufzupassen wie auf ein Baby.

Flo wirft, ohne abzusteigen, die Zeitung in den Briefkasten und kurvt mit seinem BMX-Rad im Zickzack über die Auffahrt, wobei er Sprünge wie ein übermütiges Lamm vollführt.

„Woher kannst du die Kunststücke?“, fragt Su neidvoll.

„Da ist doch nichts dabei“, gibt Flo lässig zurück. Endlich fühlt er sich uns einmal überlegen.

„Zeigst du es mir auch mal?“, bittet ihn Su.

„Von mir aus.“

„Aber nicht jetzt“, sage ich schnell. „Sonst kommen wir heute überhaupt nicht mehr zur alten Mühle.“

Gerade wollen wir aufs Rad springen, als Flos Mutter herbeieilt.

„Florian, hast du deinen Anorak mit?“, ruft sie besorgt.

„Ja. Auf dem Gepäckträger.“

„Seid pünktlich zum Abendessen zurück, und rast nicht wie die Verrückten“, wendet sie sich an uns. „Fahrt ordentlich hintereinander, damit nichts passiert.“

Oh Schreck! Wir verziehen die Gesichter. Flos Mutter erweckt keineswegs den Eindruck, als ob ihr Vorrat an guten Ratschlägen so schnell erschöpft wäre. Zu unserer unsäglichen Erleichterung ertönt da ohrenbetäubendes Geschrei. Die Zwillinge sind aneinandergeraten. Jede zieht die andere kräftig an den Haaren.

Flos Mutter vergisst ihre Ermahnungen und eilt zu den beiden kleinen Mädchen. Manchmal sind kleine Kinder doch recht nützlich, stelle ich verblüfft fest.

Rasch schwingen wir uns auf die Räder und treten so besessen in die Pedale, als wäre eine ganze Meute Wölfe hinter uns her. Kaum liegt Diekhusen hinter uns, haben wir auch schon die Ermahnungen von

Flos Mutter vergessen. Zu zweit radeln wir nebeneinander auf der schmalen Straße am Fuße des Deiches entlang. Heiko fährt sogar freihändig. Aber als hinter einer Kurve ganz plötzlich ein Auto auftaucht, das wir wegen der Weidenbüsche nicht rechtzeitig sehen konnten, bekommen wir doch einen Schrecken. Von jetzt an fahren wir ordentlich hinter einander, wie es sich im Straßenverkehr gehört.

Rechter Hand taucht der Campingplatz mit den langen, weißen Wohnwagenreihen auf. Zelte sind nicht mehr zu sehen. Die Septembernächte sind bereits empfindlich kalt, und die Campingfreunde haben ihre Zelte längst für den nächsten Sommer eingemottet.

Flos Vater steht auf einer Leiter an dem langen, flachen Gebäude, in dem sich die Waschräume befinden, und repariert die Dachrinne. Nach den Sommerferien ist es hier recht still geworden. Nur noch an den Wochenenden erscheinen die Städter; sie nehmen ihre Wohnwagen in Beschlag und kreuzen mit ihren Booten auf dem Fluss.

Wir kommen an eine Kreuzung und biegen in eine breite Landstraße ein, die vom Deich fort direkt ins Land führt. Während wir an abgeernteten Kornfeldern vorüberstrampeln, wende ich mich ab und zu um. Bandit sitzt noch friedlich hinter mir im Fahrradkorb. Flo fährt hinter Su, um aufzupassen, dass ihre Puppe nicht die Schuhe verliert.

„Wir sind die acht vom großen Strom, passt auf, ihr Leut', wir kommen schon“, singt Su aus vollem Hals.

„Stopp! Gerapita hat einen Schuh verloren“, sagt Flo dazwischen.

Unsere lange Schlange gerät ins Stocken. Wir

springen von den Rädern, um auf Su zu warten, die in aller Seelenruhe ihrer Puppe den Schuh wieder anzieht. Es sind winzige Kinderschuhe, die Su selbst getragen hat, als sie noch ein Baby war. Allerdings sind sie für die Puppe immer noch ein paar Nummern zu groß. Obwohl Gerapita die Schuhe todsicher bei jeder Radtour ein paarmal verliert, zieht Su sie ihr immer wieder an, was mich ganz schön nervt. Aber so ist meine kleine Schwester nun mal, dickköpfig wie unser Kater Bandit. Wenn der sich etwas in den Kopf gesetzt hat, gibt er auch nicht so schnell auf.

Ich lehne mich ergeben über die Lenkstange. Aus einer dichten Baumgruppe weit vor uns ragen die Flügel der alten Windmühle auf. Sie glänzen im Sonnenlicht wie Silber. Als wir näher kommen, weichen die Bäume zurück, und wir können die Mühle in ihrer ganzen Schönheit bewundern. Die Holländer- Windmühle erhebt sich auf einem hohen Erdhügel, auf dem einige Schafe weiden. In Wirklichkeit ist der Hügel künstlich um das Kellergeschoß aufgeschüttet worden. Der Zugang zur Mühle führte früher nur durch diesen Keller. Die Bauern konnten mit ihren Pferdewagen durch das große Tor hineinfahren, ihre Kornsäcke abladen und durch das gegenüberliegende Tor wieder hinausfahren. Stolz überragen die zwölf Meter langen Flügel das große Lagerhaus und das kleinere, reetgedeckte Wohnhaus.

„Vom Dach der Mühle aus kann man bestimmt weit über die Marsch sehen“, rufe ich laut. Dabei fällt mir ein, dass wir die Mühle immer nur von außen, aber noch nie von innen gesehen haben.

Mit schrillem Geklingel und quietschenden Reifen

bremsen wir vor dem Wohngebäude. Flo reißt sein Rad wie ein Akrobat hoch und kommt genau vor der dreijährigen Katrin zum Stehen, die auf ihrem Dreirad sitzt und ihn mit offenem Mund anstaunt. Birthe, die zwei Jahre älter ist, kurvt auf ihrem Kettcar um uns herum.

„Hallo", ruft Heike ihnen vergnügt zu. „Wie geht es euren Katzen?"

Die beiden Mädchen nähern sich Heike zutraulich.

„Gut." Birthe zeigt zum Lagerhaus hinüber: „Dort sind sie." Zwei Tigerkatzen lugen neugierig um die Hausecke. Bei ihrem Anblick richtet sich Bandit erwartungsvoll auf, er springt aus dem Fahrradkorb und folgt ihnen vorsichtig hinter das Lagerhaus.

„Sabine, dein Kater läuft weg." Birthe zupft aufgeregt an meinem Jackenärmel.

„Das macht nichts", beruhige ich sie. „Er will sich nur ein wenig umschauen. Dann kommt er von selbst zurück."

„Kennt ihr uns noch?", fragt Heike.

„Klar", rufen beide wie aus einem Mund. „Ihr habt doch unsere Katzen gerettet."

Unter Heikes Pullover wird es plötzlich lebendig. Zum Entzücken der kleinen Mädchen zwängt sich der goldbraune Körper des Hamsters aus dem Kragenausschnitt.

„Ein Teddybär", ruft Katrin begeistert und klatscht in die Hände. Heike blickt verdutzt auf Husch hinab. Er ist zwar schon einmal für eine Maus gehalten worden, aber für einen Bären noch nicht.

„Das ist doch kein Teddybär, sondern ein Goldhamster."

„Aber er ist genauso dick wie mein kleiner Teddy", beharrt Katrin.

„Vom Dach der Mühle aus kann man bestimmt weit über die Marsch sehen“, rufe ich laut
„Haha, Husch als Minibärchen.“ Heiko schlägt sich vor Vergnügen auf die Knie.

Flo und Su stimmen in sein Gelächter ein, sie können sich gar nicht mehr beruhigen.

Ich spähe schon die ganze Zeit über verstohlen umher.

„Sag mal, Birthe?“, frage ich schließlich ungeduldig. „Wo steckt denn euer Besuch aus München?“

„Meinst du den Toni? Da kommt er ja.“

Toni

Langsam, die Hände tief in den Hosentaschen vergraben, schlendert ein Junge hinter dem Lagerhaus hervor. Ich betrachte ihn abschätzend.

Er ist ungefähr so groß wie ich und hat ebenfalls dunkle Haare, nur sind sie nicht so lang wie meine. Er trägt ein tolles rotes T-Shirt und dazu dunkelblaue Cordjeans.

Etwa drei Schritte vor uns bleibt er stehen und starrt uns mit gelangweilter Miene entgegen. Ich glaube, wir starren ebenso zurück. Niemand sagt ein Wort. Wir benehmen uns wie unser Kater Bandit, wenn er fremde Katzen trifft; wir müssen uns erst einmal vorsichtig beschnuppern, ob wir auf gleicher Wellenlänge senden.

„Hallo, ich heiße Heike“, durchbricht Heike schließlich die unsichtbare Mauer, die sich zwischen uns aufgerichtet hat. „Der mir so ähnlich sieht, ist mein Bruder Heiko; der Kleine mit den Locken ist

Flo; der Lange ist Bastian; neben mir steht meine Freundin Sabine, und die Kleine mit den rotblonden Zöpfen und der Stupsnase ist ihre Schwester Su."

„Und das ist Gerapita", vervollständigt Su die Vorstellung und hält ihre Babypuppe in die Höhe.

„Ich heiße Toni", antwortet der fremde Junge.

„Haben dich deine Eltern hierher gebracht?", platzt Flo mit einer Frage heraus, die ihn wohl schon die ganze Zeit beschäftigt hat.

„Nein, ich bin allein gekommen."

„Allein, mit dem Zug?" Flo starrt Toni ungläubig an. Er, der immer ein bisschen ängstlich ist, hätte sich das nicht so leicht getraut.

„Ich bin nicht mit der Bahn gefahren. Ich bin geflogen."

„Ganz allein?“
„Klar.“
Bastian horcht bei dem Wort „geflogen“ interessiert auf.
„Mit der Lufthansa?“, fragt er gespannt.
„Ja. Mit der Boeing 737.“
„Super. Wie war's?“
„Nichts Besonderes.“ Toni spürt die bewundernden Blicke und gibt sich betont lässig, als ob es für ihn das Selbstverständlichste von der Welt sei, mal eben schnell von München nach Hamburg zu fliegen.
Angeber, denke ich im Stillen.
„Kaum bist du über den Wolken und die Stewardess bringt dir einen Drink und du willst es dir so richtig gemütlich machen, da geht die Kiste schon wieder runter, und du landest in Hamburg.“
„Toll.“ Bastian seufzt neidisch.
Ich kann mir denken, dass er viel darum geben würde, auch mal in einem großen Flugzeug zu fliegen. Bis jetzt muss er sich aber mit Modellbau zufriedengeben. Sein Zimmer platzt schon aus allen Nähten vor lauter Flug zeugen.
Toni sonnt sich in den bewundernden Blicken meiner Freunde wie ein Popstar im Beifall seiner Fans.
Das ärgert mich. Der fremde Junge braucht sich gar nichts einzubilden. Schließlich sind wir auch schon mal geflogen. Ich schnipse wegwerfend mit Daumen und Zeigefinger, mir ist nicht bewusst, dass ich jetzt auch anfange anzugeben.
„Was ist denn schon dabei, wenn man gemütlich mit der Lufthansa fliegt. Da sitzt man bequem in den Polstern wie im Wohnzimmer und trinkt Saft und liest die Zeitung. Das ist doch öde. Unser Flug

mit der Cessna war bestimmt spannender.“

„Und ob“, stimmt Heiko eifrig zu. „Wisst ihr noch, wie wir vom Flugzeug aus den brennenden Bauernhof entdeckt haben?“

„Und wie wir die Feuerwehr alarmiert haben“, fällt Bastian ein.

„Und wie Heiko mit dem Fallschirm abspringen wollte“, füge ich stolz hinzu und beobachte Toni gespannt aus den Augenwinkeln.

Der soll nur nicht denken, dass es hier in Diekhusen langweilig ist. Mit so was kann er bestimmt nicht aufwarten. Ich habe mich nicht geirrt. Toni lauscht mit offenem Mund. Die Augen fallen ihm beinahe aus dem Kopf vor Staunen. Kein Zweifel, stelle ich befriedigt fest, jetzt ist er es, der uns neidisch anstarrt.

„Stimmt das auch alles?“, fragt er misstrauisch.

„Glaubst du etwa, wir lügen?“ Su fährt ihn so kratzbürstig an, dass er erschrocken einen Schritt zurückweicht.

„Ja, glaubst du denn, Diekhusen liegt hinter dem Mond? Hier passieren mehr aufregende Dinge als in München“, trumpfe ich auf.

Das ist natürlich maßlos übertrieben, aber es wirkt.

Verdutzt starrt Toni uns an. „Komisch, ich finde es hier langweilig und öde. Absolut nichts ist hier los. Nicht mal ein Kino gibt es.“

„Es kommt dir nur so öde vor, weil du den ganzen Tag allein hier rumsitzt und nicht mit uns unterwegs bist.“ Su haut auf den Putz.

„He“, stößt Toni atemlos hervor, und auf einmal redet er ganz normal und nicht mehr so von oben herab. „Sagt bloß, zurzeit passiert wieder etwas Aufregendes?“

„Im Moment tut sich leider nichts“, gibt Su zu. „Aber das kann sich ja jeden Tag ändern“, fügt sie hinzu.

„Darf ich mal mit euch kommen?“ Fragend blickt Toni uns an.

Heiko schiebt unschlüssig seinen Kaugummi von einem Mundwinkel in den anderen. Bastian wackelt zögernd mit seinen abstehenden Ohren. Flo scharrt verlegen mit den Füßen im Sand. Ich setze eine nachdenkliche Miene auf. Mir gefällt es nicht, dass ein fremder Junge Einblick in unsere Geheimnisse bekommt. Andererseits ist er ja nur in den Ferien hier. In spätestens zwei Wochen fährt er wieder nach München zurück, und wir acht sind wieder unter uns. Eigentlich tut er mir ein wenig leid. Keine Freunde zu haben ist wirklich öde.

Heike, die sehr gutmütig ist, bricht das unangenehme Schweigen. „Eigentlich kann er doch ruhig mal mitkommen, oder?“

„Wollen mal nicht so sein“, grinst Heiko zustimmend. Tonis Miene hellt sich auf, als wir zögernd nicken. „Oh, toll. Wollen wir sofort nach Diekhusen fahren? Ich möchte schrecklich gern ein Abenteuer erleben.“

„Stopp, nicht so eilig“, bremst Bastian seinen Eifer. „Wie stellst du dir das denn vor?“

„Sag mal“, rückt Heiko mit einer Frage heraus, die ihn schon die ganze Zeit über beschäftigt hat. „Wieso gehst du nicht zur Schule, Toni?“

„Ganz einfach, weil ich noch bis zum 16. September Ferien habe.“

„Du hast es gut“, seufzt Heiko.

Plötzlich strahlt er übers ganze Gesicht. „Mir ist

eben eine Superidee gekommen. Man müsste im nächsten Jahr genau am ersten August nach Bayern umziehen. Dann fangen bei uns in Schleswig-Holstein die Schulen wieder an, während in Bayern an dem Tag erst die Sommerferien beginnen. Insgesamt würde man dann zwölf Wochen Ferien haben."

„Die Sache hat nur einen Haken", bringt Heike ihren Bruder wieder auf den Boden der Tatsachen. „Unsere Eltern werden bestimmt nicht nach Bayern ziehen und ihren Bauernhof auf dem Bananensand aufgeben, nur damit du sechs Wochen länger Ferien hast."

Heiko verzieht das Gesicht. „Schade, dann wird es wohl nichts mit den zwölf Wochen Ferien."

„Wollen wir uns jetzt endlich die Mühle von innen ansehen?", fragt Bastian ungeduldig.

„Auf ins Abenteuer!", ruft Flo.

„Wieso Abenteuer?", fragt Toni verständnislos.

„Die Mühle ist doch schon uralt", ruft Flo. „Bestimmt ist irgendwo ein vergessener Piratenschatz versteckt."

„Nerv uns nicht mit deinem dämlichen Schatz", fährt Bastian ihn an.

„Du musst Flo nicht ernst nehmen." Heike klärt Toni auf. „Er hat manchmal verrückte Ideen."

Toni hört gar nicht richtig zu. Er sieht die Mühle, die er bis jetzt langweilig fand, plötzlich mit anderen Augen.

Ungläubig starrt er die sich drehenden Flügel an.

„Glaubst du wirklich, dass in der Mühle ein Schatz versteckt sein könnte? Auf jeden Fall werden wir mal nachsehen."

„Das wird deinem Onkel kaum recht sein", grinst Heiko, „wenn wir hingehen und sämtliche Dielenbretter rausreißen.“

„In dem alten Lagerhaus, in dem früher die Kornsäcke gestapelt wurden, ist bestimmt kein Schatz.“ Toni überlegt laut. „Das hat mein Onkel erst vor einigen Jahren total renovieren lassen. Er hat dort eine moderne Backstube eingebaut. Aber in der Windmühle ist nie etwas verändert worden.“

„Nun lass dich bloß nicht von Flos Spinnerei anstecken“, ruft Bastian unwillig.

„Wenn wir keinen echten Schatz finden, macht es auch nichts“, tröstet Flo. „Wir tun eben so, als ob einer da sei.“

„Das ist doch Quatsch“, brummte Toni enttäuscht. Plötzlich blitzen seine Augen. Er hat eine Idee, das sehe ich ihm an der Nasenspitze an.

„Lasst mich mal machen“, sagt er geheimnisvoll. „Wir finden bestimmt einen Schatz.“

Ich glaube, wir würden heute noch vor der Mühle stehen und uns die Köpfe über einen nicht vorhandenen Schatz heiß reden, wenn Birthe und Katrin nicht ins Haus gelaufen wären und ihre Mutter geholt hätten.

„Na, habt ihr euch schon mit Toni bekannt gemacht? Der Apfelkuchen ist auch gleich fertig. Wie wär's, habt ihr nicht Lust, euch die Mühle anzusehen? Dann decke ich inzwischen den Kaffeetisch in der Laube. Toni, führ unsere Gäste doch mal herum.“

„Also, packen wir's an“, brummt Toni und stiefelt voran. Su schiebt sich kichernd an seine Seite: „Sag mal, sprichst du immer so ulkig?“

Toni blickt erstaunt auf meine kleine Schwester, die vergeblich versucht, seinen Tonfall nachzuahmen. Su be nimmt sich wirklich albern. Zum Glück ist Toni nicht beleidigt.

„Dein Dialekt hört sich für mich genauso komisch an“, meint er.

„Echt?“ Su bleibt verblüfft stehen. Darüber hat sie noch nie nachgedacht.

Wir folgen Toni zum Lagerhaus. Seitdem Herr Meyer alles renoviert hat, hängen vor den Fenstern hübsche Blumenkästen mit leuchtend roten Geranien.

Toni öffnet eine Tür und zeigt uns die Backstube. Hier steht ein moderner Steinofen, in dem die Brote wie früher nach altem Rezept gebacken werden.

„Mein Onkel nimmt zum Backen nur Mehl, das von den Mahlsteinen der Mühle gemahlen wurde“, erklärt Toni uns. „Sein Brot schmeckt einfach super.“

Das wissen wir, denn ganz Diekhusen kauft Brote und Brötchen nur von den Meyers.

„Kommt mit!“, fordert Toni uns auf.

Erleichtert verlassen wir die Backstube, in der es immer noch sehr heiß ist, obwohl der Steinofen ausgeschaltet ist.

Toni führt uns eine Treppe hinauf, und durch einen schmalen Verbindungsgang gehen wir zur Mühle hinüber.

„Ein richtiger Geheimgang!“, ruft Flo begeistert.

„Findest du?“, fragt Toni erstaunt. „Was soll an diesem Gang geheimnisvoll sein?“

„Allein, dass man vom Lagerhaus durch diesen Gang in die Mühle gelangen kann, finde ich spannend genug.“

Toni zuckt die Achseln. „Der Gang muss doch sein. Hier wurden früher und heute die Kornsäcke durchgetragen.“

Er stößt eine Tür auf, und wir befinden uns im Innern der Windmühle.

Apfelkuchen und Silbermünzen

Erstaunt stelle ich fest, dass es in dem großen, achteckigen Raum ganz still ist. Obwohl sich draußen unermüdlich die riesigen Windmühlenflügel drehen, ist hier nur ein leises Summen zu vernehmen.

„Mach nicht so ein dummes Gesicht, Sabine!" Heiko gibt mir einen freundschaftlichen Rippenstoß. „In der Mühle ist es genauso wie auf einem Segelboot. Wo kein Motor ist, kann auch kein Lärm sein."

Logisch, ich habe gar nicht daran gedacht, dass sich die Flügel ja nur durch die Kraft des Windes bewegen. Neu gierig blicken wir uns in dem Raum um. Tonis Onkel bindet gerade einen Sack zu, der unter einem Rohr steht. Freundlich begrüßt er uns.

Su legt die Hände auf den Rücken und macht ihre großen, erstaunten Kulleraugen: „Kommt durch das Rohr etwa Mehl?"

„Erraten. Dieses Rohr da heißt übrigens Mehlrutsche. Interessiert es euch, wie so eine alte Windmühle funktioniert?"

„Klar", rufen wir wie aus einem Munde.

„Dann schlage ich vor, wir steigen die Treppen bis ins oberste Stockwerk rauf. Seid aber vorsichtig. Die Holzstufen sind tief ausgetreten."

„Bis ins oberste Stockwerk?", staunt Flo. „Hat die Mühle denn mehrere Etagen?"

„Sicher. Die Etagen haben sogar alle die verschiedensten Namen. Hier befinden wir uns gerade auf dem Mehlboden. Er heißt so, weil das Mehl hier in

Säcke gefüllt wird. Das Untergeschoss ausgenommen, ist die Mühle ganz aus Eichenholz gebaut. So, ich gehe mal voran."

Hintereinander folgen wir dem Müller die engen Stiegen hinauf bis unter das Dach der Mühle. Hier oben ist der Raum längst nicht so groß wie unten.

„Wir befinden uns jetzt direkt unter dem Dach. Man kann zwar noch eine Etage höher hinaufsteigen, aber das ist zu gefährlich für euch, weil nur eine schmale Leiter hinaufführt."

Die schmale Leiter ist für uns bestimmt kein Hinderungsgrund, vielleicht Flo ausgenommen, der erwartungsvoll zu den mächtigen Balken hinaufblickt. Sicher hält er nach einem Versteck Ausschau, in dem ein Schatz verborgen sein könnte.

„Über uns befindet sich das Dach oder die Kappe, wie die Müller sagen. Die Kappe liegt auf Rollen und ist beweglich."

„Hm." Bastian nickt mit Kennermiene. „Falls der Wind also mal von Osten kommt, kann man die Flügel in die andere Richtung drehen."

„Genau. Durch die Drehung der großen Windmühlenflügel bewegt sich hier im Innern die Flügelwelle. Auf dieser Welle sitzt ein großes, hölzernes Rad, das mit seinen Zähnen wieder ein anderes Rad antreibt. Schaut mal rauf. Es befindet sich direkt über euren Köpfen."

Staunend betrachten wir das riesige Holzrad, das sich lautlos dreht.

„Dieses sogenannte Kronrad überträgt nun die Bewegung auf die Königswelle, das ist die dicke Rolle oder Stange, die senkrecht nach unten führt. So, jetzt müssen wir eine Etage runterklettern."

Tonis Onkel wartet, bis wir uns alle wieder um ihn

versammelt haben. Dann zeigt er uns am unteren Ende der Königswelle ein anderes großes Holzrad, das wiederum über zwei kleinere Räder je eine senkrechte Welle antreibt, die die Mühlsteine in Bewegung setzt.

„Kraftübertragung nennt man das Ganze“, nickt Bastian fachmännisch.

Ich blicke meinen Vetter bewundernd an. Er und Heiko scheinen alles zu begreifen, während mir von den vielen sich drehenden Rädern und Wellen schon ganz wirr im Kopf ist.

„Du“, ruft Su, die bis jetzt ein wenig gelangweilt zugehört hat. „Die großen Mühlsteine möchte ich sehen.“ Sie huscht als erste die Treppe hinunter.

„Hier befinden wir uns auf dem Steinboden“, erklärt Klaus Meyer. „Und dort seht ihr endlich die Mahltrichter. Das interessiert euch sicher am meisten.“

Flo spitzt die Ohren, er nähert sich zögernd. „Was poltert denn hier so?“

„Das ist der Mühlengeist“, brummt Heiko ihm mit verstellter Stimme ins Ohr.

„Das ist kein Geist, das polternde Geräusch kommt von den Mühlsteinen“, kichert Toni vergnügt.

„Ja“, nickt sein Onkel. „Das Getreide wird in diesen Trichter geschüttet, in unserer Mühle gibt es zwei. Die Körner fallen gleichmäßig durch ein Loch in der Mitte des Mahl- oder Mühlsteins auf den unteren Stein und werden zwischen Ober- und Unterstein zu Mehl zerrieben.“

„Drehen sich beide Steine?“, will Heiko wissen.

„Nein. Nur der obere Stein dreht ich. Der untere liegt fest. Das fertige Mehl läuft dann in der nächsttieferen Etage durch die Mehlrutsche in bereitgestellte Säcke."

Su, die tief in Gedanken versunken in den Trichter gespäht hat, wendet sich plötzlich schaudernd ab. „Hier hat also der Bauer Mecke Max und Moritz reingeworfen."

Wir müssen lachen, als wir an die Streiche der beiden bösen Buben denken, die Wilhelm Busch vor mehr als 150 Jahren beschrieben hat. Die gruseligen Geschichten von Max und Moritz haben schon unsere Urgroßeltern gelesen.

„Flo, warum weichst du denn so weit zurück?", stichele ich. „Hast du Angst, es könnte dir so wie Max und Moritz gehen?"

„Sicher ist sicher", brummt Flo. „Ich möchte kein Hühnerfutter werden." Er saust die Stiege hinab, und wir laufen hinterher.

Jetzt sind wir wieder am Ausgangspunkt angelangt. Herr Meyer stellt die Mühlsteine ab. Das Poltern hört auf, außer einem leisen Summen ist es jetzt ganz still in der Mühle.

„Das war interessant", sagt Bastian ehrlich begeistert.

„Hätte ich das geahnt, hätte ich mir die Mühle schon längst mal von innen angesehen."

„Es gibt nicht mehr viele Mühlen, in denen das Korn noch auf alte Weise gemahlen wird", nickt Herr Meyer.

„Wir sind ein bisschen stolz darauf."

Heiko betrachtet stirnrunzelnd den Fußboden. „Die Treppe endet ja hier. Wie kommt man in den Keller?"

Statt einer Antwort zieht Toni an einem Ring, der in ein Dielenbrett eingelassen ist. Vor unseren staunenden Gesichtern öffnet sich langsam eine Falltür.

„Toll!“, rufen wir begeistert.
„Eine Geheimtür“, flüstert Flo mit glänzenden Augen.
„Geheimtür ist nicht die richtige Bezeichnung“, lacht Tonis Onkel. „Früher fuhren die Bauern mit ihren Pferdewagen durch das große Tor direkt in die Mühle. Durch diese Falltür wurden die Getreidesäcke mit Hilfe einer Winde nach oben gehievt. War der Wagen ausgeladen, konnten sie durch das gegenüberliegende Tor wieder hinausfahren.“
„Äußerst praktisch“, stimmt Heiko zu.
„Am besten, ihr lauft jetzt in den Garten, Kinder. Wenn ich mich recht erinnere, wartet dort ein Apfelkuchen mit Schlagsahne auf euch.“

Heike leckt sich genießerisch über die Lippen. „Bei dem Wort Apfelkuchen merke ich erst, was ich für einen Hunger habe.“
„Und wir erst“, rufen die anderen. Lärmend stürmen sie davon. Nur Bastian und ich bleiben zurück.
„Eine Frage habe ich noch“, erkundigt sich Bastian bei Tonis Onkel. „Wie werden die Flügel angehalten? Dar über zerbreche ich mir schon die ganze Zeit den Kopf.“
„Die Flügel kann ich mit Hilfe einer Bremse anhalten. Dazu muss ich draußen an einer langen Kette ziehen. Dann legt sich eine Art Bremsklotz in die Zähne des obersten Rades, sodass es sich nicht mehr drehen kann. Folglich bleiben auch die Flügel stehen.“
„Ach, so einfach ist das.“ Bastian ist ehrlich verblüfft. Bevor ich ihm durch den schmalen Verbindungsgang ins Lagerhaus folge, lese ich leise den alten Müllerhausspruch, der eingerahmt an der Wand hängt:

Ich mahl auf Stein das Mehl für jedermann,
es gibt gut Brot, wer backen kann.
Doch ist kein Müller auf der Welt,
der mahlen kann, wie's jedem gefällt.

Der Spruch stimmt, finde ich. Schließlich kann man es nicht jedem recht machen.

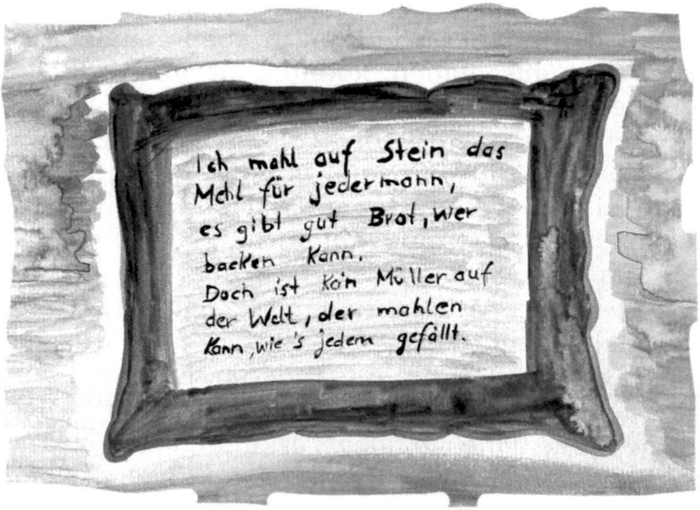

Als ich mich der Laube nähere, schnuppere ich schon von weitem den herrlichen Duft des Apfelkuchens. Die Laube ist dicht mit wildem Wein berankt, dessen Blätter sich bereits rot und gelb zu färben beginnen.

Auf einer blau-weiß gewürfelten Tischdecke prangt auf einem alten Mühlstein ein großer, noch warmer Apfelkuchen. Daneben steht eine Riesenschüssel Schlagsahne.

Obwohl ich heute erst spät zu Mittag gegessen habe, läuft mir bei dem Anblick das Wasser im Mund zusammen.

„Nehmt euch“, ermuntert uns Britta Meyer.
Und wie wir uns nehmen. Heiko hat sich bereits mit sicherem Blick das dickste Kuchenstück geangelt.
„Vielfraß“, zischt Heike ihm zu.
Heiko schneidet eine Grimasse und klebt rasch seinen Kaugummi unter den Kuchenteller, als Frau Meyer gerade mal nicht hersieht.
Der Goldhamster schlüpft aus Heikes Pullover-Ärmel und landet direkt neben ihrem Teller. Mit weit aufgerissenen Augen beobachten Katrin und Birthe das putzige Tier. Erwartungsvoll richtet sich Husch auf seinen Hinterpfoten auf und dreht schnuppernd den Kopf in die Richtung, aus der der verheißungsvolle Kuchenduft kommt. Seine Barthaare beginnen aufgeregt zu zittern, und bevor Heike es verhindern kann, steigt er zum Entzücken von Katrin und Birthe auf den Teller, ergreift ein Stück Kuchen und stopft es hastig in seine Backentaschen.
„Wer ist hier der Vielfraß?“ Heiko zeigt kauend auf den Goldhamster. „Husch oder ich?“
Wir haben keine Zeit, zu antworten. Wir sind zu beschäftigt mit Kuchenessen.
Als Tonis Onkel in der Laube erscheint und sich zu uns an den Tisch setzt, ist gerade noch ein einziges Stück Kuchen für ihn übriggeblieben.
„Das macht nichts“, lacht er. „Hauptsache, es hat euch geschmeckt.“
„Und wie!“ Flo reibt sich zufrieden seinen kleinen, runden Bauch.
„Die Windmühlenflügel bewegen sich nicht mehr.“ Su zeigt überrascht auf die Mühle.
„Ich habe sie abgestellt“, erklärt der Müller. „Für heute ist Feierabend.“

„Wie werden die Flügel in den Wind gedreht, wenn nun plötzlich Ostwind ist?“ erkundigt sich Heiko.

Herr Meyer deutet zum Dach der Mühle hinauf. „Seht ihr die Windrose, die am hinteren Ende des Daches befestigt ist?“

Wir nicken eifrig.

„Die Windrose sorgt dafür, dass sich die Flügel immer automatisch in den Wind drehen. Ganz früher hatte jede Windmühle noch Segel wie ein Schiff. Heutzutage sind die Segel durch Jalousien ersetzt, das sind verstellbare Klappen an den Flügeln. Dadurch fällt die schwierige Arbeit des Segelsetzens fort.“

„Klar“, ruft Heiko, „das war genauso wie auf den alten Windjammern. Dort musste die Segelfläche ja auch je nach Windstärke verkleinert oder vergrößert werden.“

„Stimmt“, sagt Klaus Meyer und nimmt einen mächtigen Schluck aus der Kaffeetasse. „Ich habe ganz vergessen, dass wir ja einen Fachmann unter uns haben.“

Heiko errötet über das unerwartete Lob. „Irgendwie ist eine Windmühle wie ein Segelschiff.“

„Nur kommt die Mühle nicht vom Fleck“, meint Flo, und verträumt fügt er hinzu: „Schade, dass es keine Mühlen mit Segeln mehr gibt. Die hätte ich gern mal gesehen.“

„Das wäre viel zu aufwendig“, erklärt Tonis Onkel. „Die meisten Mühlenbesitzer mussten ihre Mühlen stilllegen, weil sie sich einfach nicht mehr rentiert haben. Die Konkurrenz durch die großen Motormühlen ist zu stark geworden. Dazu kommen noch die hohen Reparaturkosten und die steigenden Löhne. So haben die alten Windmühlen nach und nach hässlichen, modernen Silos weichen müssen. Das ist sehr schade, wenn man bedenkt, dass es noch vor mehr als hundert Jahren im 19. Jahrhundert fast 1200 Mühlen in Schleswig-Holstein gab."

„Und wie viele sind übriggeblieben?", fragt Su mit großen Augen.

„Heute gibt es noch etwa siebzig Mühlen, die gut erhalten sind. Sie stehen fast alle unter Denkmalschutz, wie unsere Mühle hier auch."

„Wie alt ist die Mühle denn schon?", erkundige ich mich.

„Sie ist 170 Jahre alt", erzählt Toni stolz. „Mein Ururur-Großvater hat sie gebaut."

„Echt stark." Ehrfürchtig blicken wir an dem turmartigen Gebäude hinauf, das schon allerhand erlebt haben muss. Wenn ich mir vorstelle, dass schon 170 Jahre vor uns Menschen die gleichen Treppenstufen benutzt haben, über die wir vorhin gelaufen sind, wird mir ganz eigenartig zumute.

„Früher gab es in fast jedem größeren Dorf eine Mühle", erzählt Britta Meyer. „Die Mühle gehörte genauso zum Dorfbild wie die Kirche."

„Wo sind die vielen Mühlen denn geblieben?", fragt Heike.

„Sie sind langsam zerfallen und irgendwann dann ganz verschwunden. So geht es leider mit vielen Dingen, die man nicht mehr braucht und die dem Fortschritt weichen müssen. Jetzt, wo es fast keine Mühlen mehr gibt, hat man sich plötzlich an sie erinnert. Man versucht die noch vorhandenen zu erhalten und baut einige in Museumsdörfern wieder auf, damit die Leute sich vorstellen können, wie seit Hunderten von Jahren das Korn in den Windmühlen zu Mehl gemahlen wurde."

„Sie mögen Ihre Mühle wohl sehr?“, fragte Bastian.
„Oh ja“, antwortet Klaus Meyer lächelnd. „Es kostet zwar viel Arbeit und Geld, alle Teile in ihrer alten Form zu erhalten, aber ich bin sehr stolz auf die alte Windmühle. Mit ihr ist ein Wahrzeichen unseres Landes erhalten geblieben.“
„Dann haben wir aber großes Glück, dass es in der Nähe von Diekhusen noch eine alte Windmühle gibt“, ruft Heiko begeistert.
Ich muss ein wenig beschämt daran denken, wie gedankenlos und gleichgültig wir immer an der Mühle vorbeigeradelt sind. Wir haben sie gar nicht richtig wahrgenommen. Es war für uns selbstverständlich, dass die Mühle dort oben auf ihrem Hügel steht. Dabei haben wir es eigentlich Klaus Meyer zu verdanken, dass es die alte Mühle heute überhaupt noch gibt und dass sich ihre Flügel wie vor 170 Jahren noch immer im Wind drehen.
Tonis Onkel betrachtet uns nachdenklich. „Ich glaube, ich habe ein paar neue Mühlenfreunde gefunden“, sagt er und steht auf. „Glück zu.“
„Glück zu?“, fragt Su. „Was bedeutet das?“
„Das ist der Müllergruß“, erklärt Britta Meyer. „Toni und Birthe, helft ihr mir, das Geschirr in die Küche zu bringen?“
„Wir helfen alle, ist doch klar“, ruft Bastian laut.
In der großen, mit Steinfliesen ausgelegten Küche treffen wir Bandit mit den beiden Tigerkatzen an. Tonis Tante hatte jeder Katze einen Napf mit verdünnter Milch hingestellt. Bandit hat keine Zeit für mich, so gründlich schleckt er seine Schüssel aus.
„Wollen wir Verstecken spielen?“ fragt Su. „Dann können Katrin und Birthe auch mitmachen.“
Wir sind einverstanden. Su gibt einen ihrer Aus-

zählverse zum Besten: „Ene, mene, muh und aus bist du."

„Wo ist Flo eigentlich geblieben?" Suchend blicke ich mich in der Küche um.

„Der ist im Wohnzimmer", ruft uns Britta Meyer zu. Toni stößt mich an: „Los, wir holen ihn."

Flo steht tief in Gedanken versunken vor einem Bücherregal, das vom Boden bis an die Decke reicht.

„Hab ich mir's doch gedacht", rufe ich. „Wenn Flo Bücher sieht, vergisst er alles um sich her."

Tonis Onkel, der im Sessel sitzt und Zeitung liest, schmunzelt.

„Was ist das für ein Buch?", fragt Flo den Müller und deutet auf einen breiten, hohen Buchrücken.

„Das ist kein Buch, sondern ein Album. Ich sammele nämlich Münzen." Klaus Meyer nimmt das Album aus dem Regal und schlägt es auf.

Staunend betrachten Toni und ich die vielen großen und kleinen Gold- und Silbermünzen mit fremdartigen Schriftzeichen. Eine Silbermünze, auf der mehrere Koggen – eine Kogge ist ein dickbauchiges Hanseschiff – abgebildet sind, gefällt mir besonders gut.

Flo wirft nur einen kurzen Blick in das Album. „Ach, nur Münzen", sagt er enttäuscht.

„Wo bleibt ihr denn?" Su stürzt mit erhitztem Gesicht ins Zimmer. „Die anderen haben sich bereits versteckt. Beeilt euch, ich muss alle suchen."

Toni klappt das Album zu, und wir laufen mit Flo in den Garten, um nach einem Versteck Ausschau zu halten.

Ein Abenteuer in Sicht

Ich schiebe gerade den letzten Löffel Pudding in den Mund, als draußen eine Fahrradklingel ertönt. Einige Augenblicke später erscheint ein dunkler, lockiger Haarschopf vor unserem Küchenfenster.

Mama vergisst vor Staunen, ihren Pudding zu essen, und Papa fragt verblüfft: „Wer ist das denn?“

„Ach, das ist Toni“, kräht Su und springt auf. „Ich lasse ihn rasch rein.“

„Toni“, brummt Papa. „Wer ist Toni?“

„Der Toni kommt aus München und ist bei den Meyers zu Besuch“, erkläre ich.

„Muss er denn nicht zur Schule?“, fragt Mama erstaunt. Typisch Mama. Als erstes denkt sie an die Schule.

„In Bayern sind doch noch Sommerferien.“

„Ach, stimmt ja.“

Verlegen grinsend erscheint Toni in der Küche. Su hüpft wie ein Gummiball vor ihm her.

„Grüß Gott“, sagt er höflich, worauf Su kichert.

„Sei nicht so albern, Su“, fährt Mama sie an. „In Bayern sagt man eben ‚Grüß Gott‘ und bei uns ‚Guten Tag‘. Was gibt es da zu lachen?“

„Es hört sich so ulkig an“, sagt Su.

„Nimm es nicht tragisch“, tröste ich Toni. „Su fällt immer aus der Rolle.“

„Macht mir nichts aus“, erklärt Toni. „In unserer Nachbarwohnung wohnt auch so eine komische Nudel, die bei jeder Gelegenheit wie ein albernes Huhn losgackert.“

Su vergisst ihr Kichern und ballt kampfbereit die Fäuste.

„Willst du sagen, dass ich ein Huhn bin?“, schnaubt sie.

„Schluss jetzt, Su“, ruft Mama energisch. „Setz dich

hin und iss deinen Pudding auf. Setz dich doch auch, Toni“, fügt sie freundlich hinzu. „Möchtest du etwas Nachtisch?“

„Oh gern“, sagte Toni schnell und lässt sich neben mich auf die Eckbank fallen. „Ich bin nämlich beim Mittagessen nicht satt geworden.“

„Warum nicht?“ Mama schiebt ihm erstaunt die Puddingschüssel hinüber. „Britta Meyer kocht doch bestimmt sehr gut.“

„Das stimmt, Tante Britta kann prima kochen. Aber es gab Birnen, Bohnen und Speck. Igitt.“ Er schüttelt sich angewidert, als er an das Mittagessen denkt.

Wir müssen lachen. „Das ist ein typisch norddeutsches Gericht“, erklärt Mama. „Wir essen es alle sehr gern.“

„Na, ich danke“, brummt Toni. „Ein saftiger Schweinsbraten mit Knödel oder ein Kaiserschmarrn mit Apfelmus wär mir lieber.“

Toni schaufelt die halbe Schüssel Pudding in sich hinein. Besorgt schauen wir zu. Es wird nicht mehr viel übrig bleiben.

„So, und du verbringst also deine Ferien hier?“, erkundigt sich Papa.

„Ja.“ Toni nickt. „Meine Eltern wollten halt mal allein Ferien machen. Sie sind nach Amerika geflogen, und mich haben sie hierher geschickt, obwohl ich gar keine Lust hatte. Ich weiß ja, wie öde es hier ist. Aber zum Glück hab ich jetzt die Acht kennengelernt, und bald wollen wir zusammen ein Abenteuer erleben.“

Als ob das auf Bestellung ginge, denke ich.

Toni redet wie ein Wasserfall. Nicht einmal Su kommt mehr zu Wort, und das will verdammt viel heißen.

„Tante Britta hat mir erlaubt, dass ich meine Freunde heute Abend in die Mühle einladen darf. Wenn es den Eltern recht ist, dürfen alle bei uns schlafen."

Klack, mir fällt vor Überraschung der Löffel aus der Hand.

„Das ist echt stark", platze ich begeistert heraus. „Mama, Papa, ihr erlaubt es doch? Morgen ist Sonntag, und wir können ausschlafen."

„Ich weiß nicht." Mama zögert. „Das macht Britta Meyer viel Arbeit."

„Nein", winkt Toni ab. „Wir schlafen in der Mühle."

„In der Mühle?", fragt Papa verblüfft.

„Ja. Dort ist es urgemütlich. Allerdings muss jeder Luftmatratze und Schlafsack mitbringen."

„In der Mühle?" Ich bin begeistert. Das wäre mal wieder ein richtiges Abenteuer.

„Ich weiß nicht." Mama zögert noch immer. „Ist es deiner Tante auch wirklich recht?" Immer hat sie tausend Wenn und Aber.

Toni überzeugt sie schließlich: „Sie hat gar keine Arbeit mit uns. Wir machen unser Abendessen selbst."

„Gut." Mama stimmt endlich zu. „Wenn Vater auch einverstanden ist?"

Papa hat zum Glück nichts dagegen.

Jetzt ist Su nicht mehr zu halten. „Beeil dich mit deinem Pudding", drängt sie Toni. „Wir müssen den anderen Bescheid sagen."

Wir laufen zu dritt zu Haus Nummer 1. Flo hat zum Glück schon zu Mittag gegessen. Nach langem Hin und Her erlaubt seine Mutter, dass er mit uns in der Mühle übernachten darf, aber nur, weil meine Eltern es uns auch erlaubt haben und weil die Meyers gleich nebenan wohnen und mal nach dem Rechten sehen können.

Wir nehmen Toni in die Mitte und wandern über den Deich zurück zum Hafen. Da Samstag ist, sind viele Segler auf der Elbe. Sie nutzen das schöne Spätsommerwetter aus.

„Ich sehe die HAI.“ ruft Flo übermütig und schwenkt beide Arme.

„Die HAI? Was für eine HAI?“, fragt Toni verblüfft.

„Ach, das weißt du ja noch gar nicht“, erinnere ich mich.

„Die HAI ist das weiße Boot mit dem blauen Dollbord, das gerade von der Insel ablegt“, erklärt Su ungeduldig.

„Es gehört Heike und Heiko.“

„Sie haben ein eigenes Boot?“ Toni staunt.

„Na klar. Wie sollen sie denn sonst von ihrer Insel an Land kommen?“

„Heike und Heiko wohnen in einem Bauernhof auf dem Bananensand“, erkläre ich etwas ausführlicher.

„Mensch, das ist ja wirklich toll“, sagt Toni.

Als wir an unserem Haus vorbeirennen, blicke ich rasch in den Garten. Papa mäht den Rasen. Bandit liegt zusammengerollt auf der Terrassenstufe und döst. Als ich ihn rufe, tut er so, als ob er mich nicht höre. Er hat keine Lust, uns zu folgen, sondern will in Ruhe sein Mittagsschläfchen halten.

Ein paar Schritte weiter stoßen wir beinahe mit Bastian zusammen, der über den Steg läuft, der vom Café aus direkt auf die Deichkrone führt.

„Wir dürfen heute Nacht in der alten Mühle schlafen“, rufen wir ihm aufgeregt zu.

„Na, das ist ja mal was Tolles“, sagt Bastian.
„Hoffentlich darfst du auch mit?“ fragt Toni.

Bastian macht eine energische Handbewegung. „Keine Bange, wenn meine Cousinen dürfen, darf ich auch.“

Noch bevor die HAI an der Mole anlegt, berichten wir
Heike und Heiko von der Einladung.

„Super“, ruft Heiko uns eifrig entgegen. „In einer alten Mühle habe ich noch nie geschlafen. Natürlich müssen wir was zu essen mitnehmen und genug Limodosen und Taschenlampen und meinen CD-Player.“

„Zuerst müssen Mama und Papa einverstanden sein.“ Heike dämpft seinen Eifer. „Sonst brauchst du gar nichts mitnehmen.“

Heikos Gesicht zieht sich in die Länge. „Los, wir segeln rasch zum Bananensand und fragen meine Eltern“, ruft er uns zu. „Kommt ihr mit?“

Wir nicken eifrig. Aus Erfahrung wissen wir, dass sich Eltern leichter umstimmen lassen, wenn Verstärkung dabei ist.

Schnell klettern wir die Sprossen in der Hafenmauer hinab und springen in die kleine Jolle. Heike kramt für uns alle Schwimmwesten aus dem Staukasten.

„Ich brauche keine“, sagt Toni abwehrend. „Ich habe das Jugendschwimmabzeichen in Gold.“

„Schwimmen können wir auch“, ruft Heike ihm zu. „Aber die Elbe hat tückische Strudel und Strömungen. Wenn du über Bord fällst und ohne Schwimmweste da hineingerätst, kannst du bestimmt nicht aus eigener Kraft bis ans Ufer kommen.“

„Ohne Schwimmweste darf ich dich nicht mitnehmen." Heiko nimmt seinen Stammplatz auf dem Achter-Staukasten ein. „Dann bleibst du eben hier."

Da legt Toni wortlos die leuchtendorange Schwimmweste um, denn schließlich brennt er darauf mitzufahren.

„Ich bin auch schon mal mit meinen Eltern gesegelt", erzählt er. „Auf dem Ammersee."

„Auf einem See segeln ist etwas anderes als auf dem breiten Fluss", meint Heiko, und dann gibt er seine Kommandos.

„Alle Mann auf Steuerbordseite. Segel setzen."

Das weiße Segel entfaltet sich am Mast. Es bläht sich auf wie ein Ballon, als der Wind hineinrauscht und die HAI vorwärtsschiebt. Heiko muss gut aufpassen, damit wir bei dem Gewimmel von Segeljollen kein anderes Boot rammen.

Toni streicht seine Haare aus dem Gesicht, die der Wind immer wieder hineinpustet, und blickt sich um. Ich kauere vorn im Bug, weil wir nicht alle auf die Steuerbordbank passen. Hier bekomme ich die meisten Gischtspritzer ab. Aber das macht mir nichts aus.

Viel zu schnell haben wir den Seitenarm der Elbe überquert und legen am Steg des Bananensandes an. Wir klettern aus dem Boot, und nachdem Heiko die HAI gut vertäut hat, schlendern wir an Weiden und Erlen vorbei zum Bauernhof.

Das riesige, reetgedeckte Haus liegt erhöht auf einer Warft, damit die Gebäude auch bei Sturmflut sicher und trocken stehen. Als wir den Hügel hinaufsteigen, fängt Wotan, der Schäferhund, wild zu bellen an. Toni bleibt erschrocken stehen.

„Komm ruhig her", ruft Heiko Toni zu. „Wotan tut

dir nichts, wenn ich dabei bin."

In respektvollem Abstand wagen sich Toni, Su und Flo an dem Schäferhund vorbei, der jetzt freudig winselt, als Heike ihn streichelt.

Vom Gebell aufgeschreckt, läuft die kleine, rundliche Frau Hansen aus der Stalltür.

„Ach, ihr seid es", ruft sie. „Ich denke, ihr seid eben erst nach Diekhusen gesegelt?"

„Wir sind so schnell wieder zurück, Mama, weil wir eine Riesenbitte haben", schmeichelt Heike.

„Ja. Die anderen dürfen auch alle", beeilt sich Heiko zu versichern.

„Aha." Frau Hansen lacht. „Da ist doch wieder was im Busch, wenn ihr mit so viel Verstärkung auftaucht. Was dürfen die anderen auch alle?"

„In der alten Mühle übernachten", platzt Su heraus.

„In der alten Mühle?" Frau Hansen blickt uns verblüfft an.

„Ja. Der Toni hier ist bei den Meyers zu Besuch, und sie haben ihm erlaubt, uns einzuladen."

„Ach bitte, Frau Hansen." Su probiert ihren hinreißendsten Augenaufschlag. „Sagen Sie doch ja. Wir anderen dürfen auch. Sogar Flos Mutter hat es erlaubt."

„Und wann kommt ihr zurück?"

Wir umringen sie lärmend, sodass Mutter Hansen nicht weitersprechen kann.

„Irgendwann am Sonntagvormittag", meint Heiko.

„Ich möchte aber, dass ihr zum Mittagessen zu Hause seid."

„Gut, wir sind pünktlich zurück. Du bist wirklich die Beste, Mama."

Heike umarmt ihre Mutter so stürmisch, dass die

fast umfällt.

„Hast du noch ein wenig Verpflegung für uns, Mama?“, fragt Heiko, während wir bereits alle in die große Diele stürmen, um Schlafsäcke und Taschenlampe zu holen.

Arne und der komische Typ

Nachdem Mutter Hansen noch eine lange Mettwurst herausgerückt hat, langen wir schwerbepackt wieder am Steg an. Schlafsäcke, Taschenlampe, Mettwurst und CD-Player werden fachmännisch unter den Bänken verstaut.

„Schnell weg“, drängt Heiko und löst die Leinen. „Sonst fällt meiner Mutter womöglich im letzten Augenblick ein, dass ich doch zu Hause bleiben muss. Um heute Abend die Kühe von der Weide zu holen oder dass Heike und ich beim Pflaumenpflücken helfen sollen.“

Er atmet auf, als sich das Segel am Mast entfaltet und die HAI in Richtung Diekhusen davonschießt.

Während Heike, Su und ich das Gepäck zu unserer Garage bringen und noch vier Luftmatratzen zusammensuchen, eilt Toni mit Flo zu Haus Nummer 1, um Flos Schlaf sack und zwei weitere Luftmatratzen zu holen.

Heiko und Bastian verschwinden in Haus Nummer 9. Kurze Zeit später tauchen sie wieder in unserer Garage auf. Bastian trägt seinen zusammengerollten Schlafsack unter dem Arm, Heiko schleppt keuchend einen Karton Limodosen. Meine Mutter schenkt uns noch vier Tüten mit Kartoffelchips und einen Karton Schokoladenkekse.

„Das wird ein tolles Mühlenfest.“ Su macht einen begeisterten Luftsprung.

Tonis dunkler und Flos blonder Lockenkopf spähen vorsichtig in die Garage.

„Kommt rein“, rufe ich ihnen zu. „Hier herrscht schon Hochbetrieb.“

Toni schleppt zwei Luftmatratzen, und Flo trägt unter dem einen Arm seinen Schlafsack und unter dem anderen eine Riesentüte mit Brötchen.

„Brötchen brauchen wir nicht“, ruft Heiko übermütig. „Brötchen haben die Meyers genug.“

„So schlecht finde ich das gar nicht“, wirft Toni ein. „Sicher hat mein Onkel schon alle Brötchen verkauft.“

Es ist gut, dass Papas Auto auf der Auffahrt steht. Wir nehmen die Garage mit unserem Gepäck völlig in Beschlag.

„Es kann losgehen.“ ruft Flo erwartungsvoll, als unsere Fahrräder schwer beladen sind.

Toni zuckt zusammen und guckt erschrocken auf seine Armbanduhr. „Nein, jetzt noch nicht“, wehrt er hastig ab.
„Es ist noch viel zu früh. Vor fünf können wir uns bei der Mühle nicht blicken lassen.“
„Warum denn nicht?“ fragt Heike verdutzt.
„Weil . . . weil, nun weil mein Onkel in der Mühle noch arbeiten muss und wir ihn nur stören würden.“
Verwundert ziehe ich die Stirn kraus. Irgendwie kommen mir Tonis Erklärungen fadenscheinig vor.
„Was machen wir denn so lange?“ Su stellt enttäuscht ihr Rad an die Wand.
„Wir lassen unsere Klamotten in Rehders Garage stehen und machen eine Segeltour.“ schlägt Heiko vor.
Kurze Zeit später sitzen wir wieder im Boot. Der Wind hat aufgefrischt, und als wir um die rote Leuchttonne an der Nordspitze des Bananensandes biegen, um direkt an der tiefen Fahrrinne entlang zu segeln, schaukelt die kleine Jolle stark.
„Werd‘ nur nicht seekrank“, sagt Bastian, als Toni immer stiller wird. „Wir haben keine Spucktüten dabei . . .“
„Toni ist schon ganz grün im Gesicht“, sagt Heiko.
„Willst du die Fische füttern?“ Su gibt sich betont seefest, dabei ist ihr an der Nasenspitze anzusehen, wie unbehaglich sie sich fühlt.
„Hört auf mit den Sticheleien“, ruft Heike uns zu. Toni gehen fast die Augen über, als die großen Frachtschiffe so dicht an uns vorbeifahren. Wie schwarze, bedrohliche Bergwände wachsen ihre riesigen Leiber vor uns auf. Wir müssen die Köpfe weit nach hinten in den Nacken legen, um die weißen Aufbauten und Schornsteine hoch über uns sehen

zu können.

„Solche Pötte gibt es auf dem Ammersee nicht, was?“, fragt Heiko zufrieden.

Toni schüttelt beeindruckt den Kopf. Er klammert sich am Dollbord fest, denn eben rollen die Sogwellen des Frachters unter uns durch, und die HAI springt wie ein junges Fohlen von einem Wellenberg zum anderen.

Steuerbord voraus kommt der Zollkreuzer. Ich zeige Toni das schnittige grüne Boot. „Auf dem ist mein Vater Kapitän.“

„Dein Vater ist gar nicht an Bord“, brummt Toni. „Er mäht den Rasen.“

„Ab und zu muss er ja auch mal frei haben“, erkläre ich. „Jetzt hat die andere Mannschaft Dienst.“

Wir lassen den Bananensand hinter uns und segeln an der Vogelinsel entlang. Toni bekommt runde Augen, als wir ihm von den unheimlichen Ereignissen, die wir dort erlebt haben, erzählen.

„Wohnt denn niemand auf der Insel?“, fragt er erstaunt.

„Niemand, nur Enten und Möwen und jede Menge Kaninchen“, erklärt Heike. „Es gibt zwar eine Hütte für den Vogelwart, aber in diesem Sommer hat sich niemand gefunden, der dort wohnen will.“

Toni blickt zu der stillen Vogelinsel hinüber. „Die Insel gäbe ein tolles Versteck ab“, meint er.

„Klar zum Wenden“, schreit Heiko und reißt die Pinne nach Lee. Die HAI dreht sich langsam in den Wind. Einen Augenblick schlägt das Segel schlaff hin und her. Bevor es sich wieder mit Wind füllt, wechseln wir rasch auf die Backbordbank hinüber.

„Wollen wir nach Glückstadt segeln und uns ein Eis kaufen?“, fragt Heiko. „Wir haben noch massig

Zeit."

Wir nicken begeistert. Einige Zeit später machen wir im Glückstädter Hafen in der Nähe des Polizeibootes fest. In der Stadt ist nichts los. Der Marktplatz, der sonst immer voller parkender Autos ist, ist fast leer. Die Geschäfte haben geschlossen, und in den Straßen sind kaum Menschen zu sehen. Nur das italienische Eiscafé hat zum Glück geöffnet. Wir geben die Hälfte unseres Taschengeldes für ein Rieseneis aus. Genüsslich an unserer Waffel schleckend, schlendern wir die Hauptstraße entlang, bis zu Meyers Verkaufsladen. Das erinnert mich an den gestrigen Vorfall.

„Sag mal, Toni", erkundige ich mich neugierig. „War Arne heute da, oder hat er sich immer noch krank gemeldet?"

„Welcher Arne?" Toni ist gänzlich mit seinem Eis beschäftigt.

„Na, euer Azubi", sage ich ungeduldig.

„Azubi? Wer ist denn das?", staunt Su.

„Azubi ist die Abkürzung für Auszubildender", erklärt Bastian. „Arne wird bei Meyers für den Bäckerberuf aus gebildet, folglich ist er ein Azubi. Auch Lehrling genannt."

„Ach so." Su tut beleidigt. „Warum sagst du das nicht gleich?"

„Arne war heute da", berichtet Toni. „Mein Onkel war froh darüber. Samstags ist nämlich Hochbetrieb in der Backstube."

„Wollen wir durch die Nebengasse zurückgehen?", schlage ich vor.

Heike und Bastian schauen sich an. Sie wissen genau, dass ich an der Spielhalle vorbeigehen will, um zu sehen, ob Arne wieder da ist.

Unzählige Fahrräder und Mopeds stehen vor dem Gebäude.

„Da ist ja Arnes Mofa“, ruft Toni verblüfft. „Spielt der etwa auch?“

„Wir können ja auch spielen.“ Su steuert mit energischen Schritten auf die Drehtür zu. „Gibt es dort wenigstens interessante Spiele oder nur Mensch-ärgere-dich- nicht und Flohhüpfen?“

Heiko hält sich den Bauch vor Lachen. Bastian fährt Su an: „In der Spielhalle wird doch nicht Mensch-ärgere-dich-nicht gespielt, sondern an Glücksspielautomaten, und das kostet eine Menge Geld.“

„Ach so.“ Su bleibt enttäuscht stehen. „Wenn es Geld kostet, bleibe ich lieber draußen.“

„Du darfst sowieso nicht rein“, erklärt Heike „Spielhallen darf man erst besuchen, wenn man achtzehn ist.“

Plötzlich stößt Heiko einen leisen Pfiff aus. „Achtung, da kommt Arne.“

Wir verstecken uns hinter der Hausecke. Schließlich braucht Arne nicht zu wissen, dass wir ihn beobachten.

Mit gesenktem Kopf tappt Arne aus der Drehtür. So ein komischer, älterer Typ mit stechenden Augen folgt ihm und klopft ihm freundschaftlich auf die Schulter.

„Nicht aufgeben, Kumpel“, hören wir ihn mit näselnder Stimme sagen. „Bestimmt hast du gleich mehr Glück.“

„Ich bin pleite“, sagt Arne mutlos.

„Ich kann dir was leihen. Du brauchst mir nur den Schuldschein hier zu unterschreiben. Wenn du gewonnen hast, gibst du mir mein Geld wieder zurück."

Wir halten den Atem an, so gespannt sind wir, was Arne tun wird. Er ist unentschlossen.

„Mensch, ist das ein Depp", zischt Toni erschrocken, als Arne tatsächlich nach den Geldscheinen greift und dafür seine Unterschrift auf ein Stück Papier setzt.

„Und wenn er nun wieder verliert?", fragt Heike entsetzt, als Arne mit dem Typen erneut in der Spielhalle verschwindet. „Wie will er dann jemals das Geld zurückzahlen?"

„Warum spielt Arne denn überhaupt erst an den Automaten?" Flo schüttelt verständnislos den Lockenkopf.

„So, wie manche Leute nicht an einer Kneipe vorbeigehen können, ohne etwas zu trinken, so kann Arne eben nicht an einer Spielhalle vorübergehen, ohne sein Glück zu versuchen", erkläre ich ihm.

„Da wüsste ich aber was Besseres mit meinem Geld anzufangen, als es in so dämliche Automaten zu werfen. Ich würde mir Bücher kaufen."

„Und ich Modellflugzeuge", ruft Bastian.

„Kann man Arne nicht helfen?" Toni macht sich Gedanken.

„Mein Vater will mal bei Gelegenheit mit deinem Onkel sprechen. Vielleicht hat der Einfluss auf ihn und kann ihn wieder zur Vernunft bringen", sage ich.

„Was haltet ihr davon, wenn wir langsam wieder zurück segeln?", fragt Heiko ungeduldig. „Wenn wir um fünf Uhr an der Mühle sein wollen, müssen wir ganz schön Dampf machen."

Überraschung in der alten Mühle

Wir bremsen vor der alten Windmühle, dass es nur so staubt. Während wir unser Gepäck von den Rädern laden, späht Toni verstohlen zum Wohnhaus hinüber.

„Was hast du denn?“, frage ich erstaunt.

„Ach, nichts.“

„Willst du deinem Onkel und deiner Tante nicht sagen, dass wir da sind?“, fordert Bastian ihn auf, als unsere Luftmatratzen und Schlafsäcke vor dem Lagerhaus auf dem Kopfsteinpflaster liegen.

Toni schlendert zum Wohnhaus hinüber. Schnell ist er wieder zurück.

„Keiner da“, sagt er zufrieden. „Alle sind ausgeflogen.“

„Ich habe mich schon gewundert, dass es hier so still ist“, erklärt Heike. „Nicht mal Birthe und Katrin haben sich sehen lassen.“

„Was nun?“ Heiko ist ratlos. „Wo lassen wir unser Gepäck, bis die Meyers zurückkommen?“

„Ich habe einen Schlüssel für das Lagerhaus.“ Toni zieht den Reißverschluss seiner Hosentasche auf. „Wir können unsere Sachen schon mal reintragen.“

Erleichtert beladen wir uns mit unseren Habseligkeiten und bringen sie durch den schmalen Verbindungsgang in die Mühle.

Heiko bläst die Luftmatratzen mit Hilfe eines Blasebalgs auf. Toni schleppt eine leere Kiste aus dem Lagerhaus herbei, auf der Bastian und Flo unsere

Essensvorräte ausbreiten.

„Wollen wir hier bei den Mehlrutschen unser Lager aufschlagen oder eine Etage höher bei den Mahltrichtern?“, fragt Heike.

„Oben“, rufen wir einstimmig. „Hier unten können wir unser Mühlenfest feiern.“

Su und Flo schleifen mit viel Hallo die aufgeblasenen Luftmatratzen die schmale Stiege hinauf.

„Gut, dass euer Kater nicht mitgekommen ist, Sabine“, sagt Heike erleichtert, als sie die Luftmatratzen im Halbkreis an der Außenwand entlang legt und ich die Schlafsäcke hinaufwerfe. „Husch, und Bandit nachts zusammen in der Mühle, das würde nicht gutgehen.“ Zärtlich streicht sie dem Goldhamster über das seidige Fell.

„Kann unser Mühlenfest bald losgehen?“, ruft Su ungeduldig.

Heiko legt eine CD in seinen CD-Player, und dann ertönt laute Popmusik. Wir lassen uns im Schneidersitz um die Kiste nieder, in der einen Hand ein Brötchen und in der anderen eine dicke Scheibe Mettwurst, die Bastian mit seinem Taschenmesser für jeden von uns abgesäbelt hat. Husch bekommt ein Stück von Heikes Brötchen ab. Er flitzt damit in eine dunkle Ecke, um es ungestört zu verzehren.

„Die Katzen der Meyers sind doch nicht in der Mühle?“ Flo blickt sich besorgt um.

„Keine Angst.“ Toni beruhigt ihn. „Die sind in der Wohnung. Sie können dem Goldhamster nichts tun.“

Zum Nachtisch gibt es Kartoffelchips und Schokoladenkekse. Flo zieht als besondere Überraschung noch zwei zerquetschte Schokoladentafeln aus der Hosentasche, die trotzdem schmecken. Als der Karton mit den Limodosen merklich leerer geworden ist, ist es allmählich dämmerig im Raum geworden.

Toni blickt mit geheimnisvoller Miene in die Runde.

„Vielleicht finden wir heute Nacht den Piratenschatz“, flüstert er mit glänzenden Augen.

„Warum sollten wir ausgerechnet im Finstern einen Schatz finden, wenn wir nicht mal bei Tageslicht einen entdeckt haben.“ Der praktisch veranlagte Heiko zerstört seine Wunschträume.

Bastian blickt sich kritisch um. „Das einzige, was wir hier finden werden, sind vielleicht Gespenster.“ Er grinst.

„Gespenster?“ Flo schnellt in die Höhe, als würde ihm bereits ein Geist im Nacken sitzen.

„Lass dich doch nicht bange machen, Flo“, beruhigt Su ihn.

„Es gibt ja gar keine Gespenster.“

Plötzlich verstummt die Musik-CD. Wir hören den Wind an der Mühle rütteln. Im Gebälk über uns knistert und ächzt es unheimlich. Die untergehende Sonne färbt das schmale Fenster glutrot. Ich eile an das entgegengesetzte Fenster. Von hier aus kann ich den ganzen Hof überblicken. Leer und einsam liegt er in der Dämmerung.

„Dein Onkel und deine Tante sind immer noch nicht zurück.“ Ich mache mir allmählich Sorgen. „Hoffentlich ist nichts passiert.“

Toni versucht eine harmlose Miene zu machen. „Ach, habe ich euch das nicht gesagt? Dann habe ich es glatt vergessen. Meine Tante und mein Onkel sind mit Birthe und Katrin zu den Großeltern gefahren. Oma hat Geburtstag, und weil es immer so spät wird, wollen sie dort übernachten und erst morgen Vormittag zurückkommen."

„Erlauben sie denn, dass du allein hierbleibst?" Heike staunt.

„Ich bin doch nicht allein. Ihr seid ja auch hier", verkündet Toni selbstbewusst.

„Ist das den Meyers denn recht, dass wir hier allein in der Mühle übernachten?", frage ich Toni. Also, meine Eltern hätten das nie erlaubt. Die Meyers scheinen großes Vertrauen zu Toni und uns zu haben.

„Klar. Ich hatte keine Lust, mit zu den Großeltern zu fahren. Außer Katrin und Birthe sind dort nur Erwachsene, und man langweilt sich zu Tode."

Plötzlich klärt sich Heikos Gesicht auf. Er begreift erst jetzt, was Tonis Worte bedeuten. Bei ihm dauert es immer ein wenig länger, bis der Groschen fällt.

„Echt super", frohlockt er. „Dann sind wir ja ganz allein auf weiter Flur. Kein Erwachsener kommt und meckert, dass wir das Radio leiser stellen oder endlich ins Bett gehen sollen."

„Wer spielt mit?", ruft Toni laut. Er rennt durch den Gang ins Lagerhaus, die Stiege hinunter nach draußen. Wir folgen ihm mit unseren Taschenlampen.

Der Wind rauscht in den alten Apfelbäumen. Die Schafe auf dem Hügel haben sich bereits zum Schlafen hingelegt. Ich finde, dass es gar nicht so schlecht ist, dass die Meyers fortgefahren sind. Da können wir so lange herumtollen, wie wir wollen.

Flo starrt unsicher zu den Flügeln der Windmühle empor, die sich schwarz und bedrohlich vom helleren Nachthimmel abheben.

„Wollen wir nicht lieber wieder heimfahren?",

fragt er zögernd. „Wenn meine Mutter gewusst hätte, dass die Meyers nicht zu Hause sind, hätte sie mir bestimmt nicht erlaubt, hier zu schlafen."

„Ihr wollt doch nicht kneifen und mich allein hierlassen?" ruft Toni fassungslos.

„Natürlich nicht", beruhige ich ihn. „So ein Abenteuer lassen wir uns doch nicht entgehen."

„Du brauchst wirklich keine Angst zu haben, Flo", versucht Su ihn zu trösten. „Wenn ein Gespenst kommt, beschütze ich dich."

„Du?", fragt Flo gedehnt. Er sieht nicht so aus, als ob er viel Vertrauen zu Su hätte.

„Los, jetzt", ruft Bastian ungeduldig. „Wir zählen aus, wer Räuber und Gendarm ist."

Heike, Flo, Toni und ich sind die Gendarmen. Wir müssen einige Minuten warten, damit sich die anderen in Ruhe verstecken können.

Weit in der Feme erkennen wir ein paar helle Lichtpunkte. Das sind die Lichter von Diekhusen. Ich stelle mir vor, wie Mama und Papa jetzt gemütlich mit Bandit im Wohnzimmer sitzen. Wenn sie ahnen würden, dass wir hier mutterseelenallein um die Mühle strolchen, würden sie sich bestimmt sofort ins Auto setzen und uns abholen. Ich muss kichern, als ich daran denke. Selbst Flo vergisst seine Angst und ist mit Eifer bei der Sache, als wir im Dunkeln die „Räuber" suchen.

Als der Mond rund und voll über der Marsch aufgeht, ruft Toni uns zusammen und flüstert uns mit geheimnisvoller Stimme zu: „Der Mond ist aufgegangen. Jetzt ist der richtige Moment, um den Schatz zu suchen."

Wir grinsen überlegen. Außer Flo und Toni glaubt

niemand von uns an einen Schatz in der Mühle. Aber um ihm den Gefallen zu tun, folgen wir ihm in die Mühle. Das Licht des Mondes fällt durch ein Fenster über den Dielenboden. Bei seinem Schein richtet sich Husch neugierig auf und schaut verwundert zu, wie wir auf Händen und Knien über den staubigen Fußboden kriechen und nach dem Schatz suchen, der nur in Tonis und Flos Phantasie vorhanden ist. Als Bastian zum Spaß ein loses Dielenbrett zur Seite schiebt, zieht er plötzlich zischend die Luft durch die Zähne und flüstert fassungslos:

„Ich werd' verrückt." Wir richten den Strahl unserer Taschenlampen auf ihn und trauen unseren Augen nicht. Unter dem losen Dielenbrett liegt tatsächlich ein Haufen glänzender Silbermünzen.

„Das schockt", stößt Heike fassungslos hervor.

„Oh", flüstert Flo ehrfürchtig. „Der Schatz . . . , endlich haben wir den Piratenschatz gefunden. Glaubt ihr mir jetzt endlich, dass ich recht hatte?", fügt er atemlos hinzu. Heiko tastet an der Wand nach dem Lichtschalter. Das einzige Moderne, was Herr Meyer in der Mühle eingebaut hat, ist die elektrische Leitung. Im hellen Schein der Lampe bestaunen wir gebührend den Schatz. Die Silber- und Kupfermünzen wandern von einem zum anderen. Jeder will sie einmal in der Hand halten.

„Seht mal diese Münze hier", ruft Bastian plötzlich erregt. „Das ist doch ein halber Dollar. Na klar, auf der Vorderseite ist der Kopf von Kennedy abgebildet. So alt kann der Schatz also nicht sein."

„Auf dieser Münze hier", trumpft Flo auf, „sind einige alte Koggen abgebildet. Die ist bestimmt uralt."

„Ich weiß nicht“, sage ich unschlüssig. „Ich glaube, ich habe diese Münze hier schon irgendwo gesehen.“

„Kannst du ja gar nicht“, kräht Su dazwischen. „Wir haben den Schatz ja eben erst entdeckt. Wie lange der wohl schon unter dem Brett gelegen hat?“

Komisch, eigentlich müssten die Münzen doch verstaubt und dunkel angelaufen sein, wenn sie schon so lange unter dem Brett liegen. Seltsamerweise glänzen sie aber so, als ob sie gestern noch geputzt worden wären. Mein Instinkt sagt mir, dass da irgendetwas nicht stimmt. Nachdenklich beobachte ich Toni.

Er starrt uns gespannt an und lächelt selbstzufrieden, als wir immer wieder mit glänzenden Augen die Münzen betasten. Es kommt mir beinahe so vor, als hätte er genau gewusst, dass der Schatz hier liegt, und nur darauf gewartet, dass wir ihn finden. Aber das ist Quatsch. Woher sollte Toni davon gewusst haben? Die Erwachsenen werden Augen machen, wenn wir ihnen morgen von unserem Fund erzählen.

Ich weiß nicht, wie lange wir im Lampenlicht gehockt und die Münzen betrachtet haben und wie lange wir hin und her gerätselt haben, wer sie dort versteckt hat. Als wir schließlich immer lauter gähnen, bestimmt Bastian: „Los, wir kriechen in die Schlafsäcke.“

Als wir die Stiege hinaufgeklettert sind, dreht Bastian das Licht aus. Im Schein unserer Taschenlampen schlüpfen wir kichernd in die Schlafsäcke und fallen fast augenblicklich in tiefen Schlaf. Ich glaube, wir träumen alle von dem Schatz, der ein Stockwerk tiefer auf dem Boden liegt und um den der Hamster neugierig huscht, als er nach Brötchenkrümeln und Kartoffelchips sucht.

Die unheimliche Begegnung

Plötzlich bin ich hellwach. Im ersten Moment weiß ich nicht, wo ich bin. Weißes, kaltes Mondlicht fällt durch das schmale Fenster auf Flos Lockenkopf. Da fällt es mir wieder ein: Wir schlafen ja in der alten Mühle.

Der Wind rüttelt draußen an den festgestellten Mühlen flügeln. Es knackt und ächzt unheimlich im Gebälk über mir. Ängstlich starre ich in die schwarze Finsternis hinauf und horche angespannt. Nur das Schnaufen und Pusten der anderen ist zu hören.

Gerade will ich mich wieder einkuscheln, als ich er schreckt zusammenzucke. Irgendwo in der Nähe schlägt eine Tür zu. Das muss die Tür vom Lagerhaus sein. Dabei kann ich mich genau erinnern, dass Toni sie hinter uns abgeschlossen hat.

Mit einem Satz bin ich aus dem Schlafsack und rüttele die Freunde wach. Su, Flo und Heike drehen sich einfach auf die andere Seite und schlafen weiter. Nur Heiko, Bastian und Toni rappeln sich benommen hoch.

„Was ist los?“ Bastian reibt sich die Augen.

„Hast du schlecht geträumt, Sabine?“, fragt Heiko.

„Sie hat wohl nur ein paar Mäuse rascheln hören“, brummt Toni.

„Quatsch“, zische ich ärgerlich. „Hört doch, da ist jemand nebenan im Lagerhaus.“ Die Jungen, die sich gerade wieder hinlegen wollten, richten sich gespannt auf. Deutlich sind jetzt Schritte zu hören.

„Ich glaube, ich spinne“, ächzt Heiko. Er kriecht aus dem Schlafsack zur Stiege. Wir folgen rasch und kauern uns neben ihm nieder. Die Schritte klingen jetzt lauter; ich fühle, wie meine Hände feucht werden.

„Wer kann das sein?“, stoße ich stockend hervor.

„Ein Einbrecher“, flüstert Toni. „Der weiß genau, dass meine Verwandten nicht zu Hause sind, sonst würde er leiser sein.“

„Aber hier in der Mühle gibt es doch nichts, was sich zu stehlen lohnt“, sagt Bastian zweifelnd.

„Der will vielleicht den Schatz holen“, ruft Heiko. „Die Münzen liegen noch unten auf dem Fußboden. Gib mal die Taschenlampe, Sabine.“

„Unsinn“, zischt Bastian. „Die Münzen haben wir doch erst vorhin gefunden. Der Einbrecher kann ja gar nichts davon wissen.“

Heiko hört nicht auf ihn. Er knipst die Taschenlampe an und huscht die Treppe hinab. Toni folgt ihm lautlos. Ich höre ein leises Klimpern, als Toni und Heiko die Münzen rasch unter das lose Dielenbrett schieben. Und ich höre die fremden Schritte ganz nah. Jeden Moment muss der Fremde aus dem Verbindungsgang auftauchen. Heiko huscht zur Treppe zurück, während sich Toni dicht hinter der Falltür auf den Boden hockt.

„Lock ihn hierher“, höre ich Toni noch zischen, „wir fangen ihn.“

Dann überstürzen sich die Ereignisse. Die Tür zum Verbindungsgang wird aufgestoßen, und ein riesiger, schwarzer Schatten füllt die Öffnung aus. Beinahe hätte ich vor Schreck laut aufgeschrien.

Zitternd dränge ich mich an Bastian, der neben mir auf dem Fußboden kauert und durch das Treppengeländer nach unten späht. Plötzlich schlägt Heiko mit der Faust auf eine der Treppenstufen.

„Wer ist da?“, ruft der Schatten. Seine Finger tasten nach dem Lichtschalter. Im gleichen Augenblick, als das Licht grell aufflammt, macht der Mann einen Satz auf Heiko zu, der die Treppe zu uns hinaufflüchtet. Gleichzeitig reißt Toni die Falltür auf, und mit einem lauten Aufschrei verschwindet der Schatten in dem dunklen Loch.

Toni schmeißt die Tür krachend zu und stellt sich schweratmend darauf.

„Wir haben ihn. Wir haben ihn“, schreit er triumphierend.

„Was ist los?“ Heike, Su und Flo, die von dem Lärm aufgewacht sind, erscheinen in ihren Jogginganzügen an der Treppe und blinzeln verschlafen in das grelle Licht.

Toni springt wie irre auf der Falltür herum. „Ich hab einen Einbrecher gefangen. Warum sagt ihr nichts? Hat es euch die Sprache verschlagen?“

Das hat es wirklich. „Toni, bist du sicher, dass es ein Einbrecher war?“, rufe ich entsetzt und springe mit den anderen die Treppe hinunter. „Ich habe den Mann nur kurz gesehen, aber er sah deinem Onkel ähnlich.“

„Red‘ kein Blech.“ Toni wird blass. „Mein Onkel und meine Tante sind doch bei den Großeltern.“

Er zieht die Falltür einen Spalt auf. Wir schaudern, als ein qualvolles Stöhnen zu uns heraufdringt. Bastian leuchtet mit der Taschenlampe hinab, direkt in Klaus Meyers schmerzverzerrtes Gesicht.

„Onkel Klaus“, jammert Toni und beugt sich entsetzt über die Öffnung. „Wie kommst du denn hierher?“

„Dasselbe möchte ich euch fragen“, ächzt Klaus Meyer und umklammert seinen rechten Knöchel.

„Es tut mir leid, dass wir dich gefangen haben“, ruft Toni.

„Aber wir dachten, du wärst ein Einbrecher.“

„Haben Sie sich verletzt?“, fragt Heike besorgt.

„Mit meinem Fuß stimmt etwas nicht. Ich kann nicht auftreten. Steh nicht rum wie ein Klotz, Toni, sondern hol Tante Britta.“

„Warum seid ihr denn schon jetzt gekommen?“, ruft Toni ganz durcheinander. „Ihr wolltet doch bei den Großeltern übernachten.“

„Wir haben unsere Meinung eben geändert. Jedenfalls kam es mir schon von weitem so vor, als ob in der Mühle Licht brenne. Als wir mit dem Wagen auf den Hof fuhren, war zwar alles dunkel, aber sicherheitshalber wollte ich mal nach dem Rechten sehen. Holst du nun endlich Britta oder soll ich hier die ganze Nacht liegen?“

„Wo ist sie denn?“

„Im Haus. Sie bringt Katrin und Birthe ins Bett.“

Endlich kommt Bewegung in Toni. Wie der Blitz rennt er davon.

„Vielleicht erzählt ihr mir inzwischen mal, was ihr mitten in der Nacht in meiner Mühle tut“, grollt Klaus Meyer.

„Aber Sie haben uns doch selbst eingeladen“, ruft Bastian erstaunt.

„Soll das ein Witz sein? Nie würde es mir einfallen, euch allein hier in der Mühle schlafen zu lassen.“

„Verstehe ich nicht.“ Verwirrt blinzele ich umher. „Toni ist heute Mittag zu uns gekommen und hat alle eingeladen."

„Aber Toni hat meine Frau und mich doch gefragt, ob er eine Nacht bei Bastian schlafen darf, da er nicht mit zu den Großeltern wollte. Allein hätten wir ihn nie hiergelassen." Klaus Meyer ist ehrlich überrascht.

Wir blicken uns noch immer verdutzt an, als das große Tor quietschend aufgeschoben wird. Britta Meyer fährt rückwärts mit dem Wagen hinein. Während sie und Toni dem Müller ins Auto helfen, blickt sie vorwurfsvoll zu uns hoch.

„Mein Gott, was für eine Aufregung mitten in der Nacht.
Ich denke, Toni schläft sicher und friedlich bei Bastian, stattdessen findet hier in aller Heimlichkeit eine Party statt. Toni, wie bist du nur auf diese Idee gekommen?"

Sie wartet keine Antwort ab, sondern setzt sich hinter das Lenkrad. Der Wagen braust in die Dunkelheit hinaus zum Glückstädter Krankenhaus.

Toni schiebt das Tor zu. Wenig später kommt er niedergeschlagen wieder zu uns.

An Schlaf ist jetzt natürlich nicht mehr zu denken. Wir sind viel zu aufgeregt. Außerdem wollen wir abwarten, was die Ärzte im Krankenhaus feststellen.

„Hoffentlich hat Onkel Klaus den Fuß nicht gebrochen", seufzt Toni bedrückt.

Eine Weile sitzen wir stumm auf unseren Schlafsäcken.

„Vielleicht bist du mal so nett, Toni, und klärst die ganze Geschichte auf." Bastian ist ernst.

„Allerdings", falle ich wütend ein. „Haben deine Verwandten etwa gar nichts davon gewusst, dass wir hier schlafen?"

Toni senkt den Kopf, er nickt kleinlaut.

„Dann hast du also die Einladung erfunden? Das ist ja stark."

Heiko zieht hörbar die Luft durch die Zähne.

„Warum hast du uns denn angelogen?", fragt Heike verärgert.

„Na, weil ihr sonst nicht gekommen wärt."

„Und warum sollten wir unbedingt hier in der Mühle schlafen?", raunzt Bastian ihn an.

Toni schluckt. Es fällt ihm schwer zu sprechen.

„Ich wollte so gern mal ein spannendes Abenteuer mit euch erleben."

„Das ist dir ja auch gelungen", sagt Heiko. „Statt eines Einbrechers haben wir deinen Onkel gefangen."

„Meine Tante und mein Onkel hätten natürlich nie erlaubt, dass wir alle hier übernachten. Da sie selbst bei den Großeltern schlafen wollten und niemand hier war, musste ich die günstige Gelegenheit ausnutzen."

„Und da bist du auf die Idee gekommen, uns einfach einzuladen?" Flo staunt.

Toni schweigt.

„Na, Mann, ich möchte nicht in deiner Haut stecken", sagt Heiko. „Deine Tante und dein Onkel werden ganz schön sauer sein."

Plötzlich springt Bastian erregt auf. „Was ist aber mit dem Schatz los? Da ist doch bestimmt auch was faul."

„Jetzt weiß ich auch, wo ich die Silbermünze mit den Koggen schon mal gesehen habe", rufe ich laut. „Herr Meyer hat Toni und mir seine Münzsammlung gezeigt, die er in einem dicken Album aufbewahrt. Genau dort habe ich die Münze gesehen."

„Was?“, wird Bastian wütend. „Toni, hast du die Münzen aus dem Album deines Onkels genommen und hier unter dem Dielenbrett versteckt?“

„Ja.“ Toni nickt kleinlaut.

„Da hast du uns aber einen gewaltigen Bären aufgebunden.“ Heike stemmt empört die Arme in die Hüften.

„Das ist wirklich ein dicker Hund.“ Heiko ärgert sich. „Und wir Idioten sind darauf reingefallen und haben geglaubt, dass wir einen echten Schatz entdeckt haben.“

„Dann ist es kein echter Piratenschatz?“, fragt Flo enttäuscht.

„Nein. Es ist die Münzsammlung von Herrn Meyer. Wie bist du auf diese Idee gekommen, Toni?“, fragt Heike vorwurfsvoll.

Toni zieht so eine klägliche Miene, dass er mir beinahe leid tut. „Die Idee kam mir ganz plötzlich, als mein Onkel Sabine und mir die Münzsammlung zeigte. Ich dachte, ich kann Flo ja mal die Freude machen und ihn einen Schatz finden lassen. Jetzt seid ihr alle sauer auf mich, und dabei wart ihr vorhin vom Anblick der Münzen total geschafft.“

„Was machst du jetzt mit den Münzen?“, will Flo wissen.

„Die bringe ich jetzt schnell ins Wohnhaus rüber und stecke sie in das Album zurück. Dann merkt mein Onkel überhaupt nichts.“

Doch dazu kommt Toni nicht mehr. Der Wagen der Meyers fährt auf den Hof. Wir laufen hinunter, um zu sehen, wie es Tonis Onkel geht. Zum Glück ist der Fuß nicht gebrochen, sondern nur verstaucht. Auf Bastians und Heikos Schultern gestützt, hinkt Klaus Meyer zum Haus hinüber.

„Macht euch nicht so viele Gedanken, Kinder“, tröstet uns Britta. „Ihr könnt ja nichts dafür.“ Und zu Toni gewandt, fährt sie ernst fort: „Da siehst du, was durch Heimlichkeiten alles passieren kann. Und jetzt schlage ich vor, dass ihr wieder in eure Schlafsäcke kriecht und weiterschlaft.“

Todmüde gehen wir hinauf, und diesmal schlafen wir ungestört bis in den späten Vormittag. Ein wenig über stürzt suchen wir unsere Sachen zusammen und verabschieden uns von Toni und den Meyers.

In der Eile haben wir nicht darauf geachtet, dass der Goldhamster in der Nacht ein paar Münzen aus dem Versteck geholt und mit ihnen gespielt hat. Gut sichtbar liegen sie auf dem Fußboden der Mühle.

Ein Notfall

Der nächste Tag ist ein richtiger blauer Montag. Natürlich hat Frau Maak am Wochenende nichts Besseres zu tun gehabt, als unsere Englisch-Arbeiten nachzusehen.

„Die Arbeiten sind eine Katastrophe“, sagt sie, nachdem sie die Klasse betreten hat.

Es gibt nur eine Zwei, die hat natürlich Bastian, sonst sind Vieren, Fünfen und sogar Sechsen dabei. Dank Bastians Mogelzettel haben Heike und ich eine Vier. Unsere Freude ist nur von kurzer Dauer, denn Frau Maak sagt: „Seltsam, dass Heike und Sabine die gleichen Fehler wie Bastian gemacht haben: Bei der nächsten Arbeit setze ich euch auseinander.“

Ich seufze tief auf. Mir wird nichts anderes übrigbleiben, als mich in den nächsten Wochen mit Englisch zu beschäftigen.

Als ich meine Schulaufgaben gemacht habe, wühle ich Mamas langen grünen Schal aus meinem Schrank, reiße das Fenster auf und schwenke den Schal wie eine Fahne wild hin und her.

Das ist eine Geheimsprache zwischen Heike und mir und bedeutet: Kommst du rüber an Land?

Gespannt blicke ich zum Bananensand hinüber. Lange brauche ich nicht zu warten, dann erscheint dort, wo sich Heikes Zimmerfenster, ein blauer Fleck.

Enttäuscht wende ich mich ab. Das blaue Zeichen heißt: Ich kann heute nicht kommen.

Unschlüssig, was ich anfangen soll, spähe ich in Sus Zimmer. Su sitzt auf dem Teppichboden und zwängt Gerapita in eine viel zu enge Strampelhose. Flo hockt neben ihr und gibt einer anderen Puppe die Flasche. Spielkinder. Leise schleiche ich die Treppe hinunter. „Ich gehe zu Bastian", rufe ich Mama zu und schlüpfe aus dem Haus.

Bastian will gerade Zeitungen austragen. Da ich nichts Besseres vorhabe, hole ich mein Fahrrad und helfe ihm. Bei der Gelegenheit können wir Toni fragen, ob er mit uns etwas unternehmen will.

Vor Haus Nummer 3 hockt Bandit einsam auf dem Mäuerchen und wartet auf seine Freundin Mischka.

„Willst du mitkommen, Bandit?", frage ich ihn, nachdem ich die Zeitung im Laden abgegeben habe. Bandit hebt den Schwanz und maunzt freudig. Da nehme ich ihn auf den Arm und setze ihn in meinen Fahrradkorb.

Auf dem Hof vor der alten Mühle kurvt Katrin auf

ihrem Dreirad und Birthe auf ihrem Kettcar umher. Neugierig fahren sie uns entgegen.

„Wo steckt Toni?“, frage ich die beiden, als ich die Zeitung in den Briefkasten geworfen habe.

Birthe sieht mich verdutzt an. „Der ist doch zu euch gefahren.“

„Zu uns?“ Bevor ich mich von meinem Staunen erholt habe, fliegt die Haustür auf, und Britta Meyer steckt den Kopf heraus.

„Ihr seid allein? Ist Toni nicht mitgekommen?“

„Wieso?“ Bastian blickt sie erstaunt an. „Wir wollten gerade zu ihm und fragen, ob er mit uns kommen will.“

„Aber er ist doch sofort nach dem Mittagessen mit meinem Rad losgefahren. Er wollte zu euch.“

„Bei uns ist er nicht.“

Britta Meyer blickt in unsere verständnislosen Gesichter und ringt die Hände. „Hören die Aufregungen mit dem Jungen denn nie auf. Er wird doch nicht schon wieder etwas angestellt haben?“

Besorgt sieht sie uns an. „Kommt doch mal bitte mit, ich muss mit euch reden.“

Sie geht vor uns her ins Wohnzimmer. Bastian, Bandit und ich folgen ihr zögernd. Als ich den Kater hinaussetzen will, sagt sie leise: „Lass ihn nur, Sabine. Unsere Katzen halten sich auch oft hier auf. Setzt euch und erzählt mir mal, wie die Sache mit den Münzen meines Mannes war. Toni hat uns da eine wirre Geschichte von einem Schatz aufgetischt, den ihr in der Mühle finden solltet. Wir sind nicht so richtig schlau daraus geworden.“

Zögernd berichten wir ihr von der verrückten Idee, die Toni hatte, als sein Onkel uns das Münzalbum zeigte.

„Er hat sich die Münzen nur ausgeliehen, um uns damit in der Mühle zu überraschen. Wir sollten glauben, dort läge ein echter Schatz versteckt“, erklärt Bastian. „Aber den Münzen ist ja nichts geschehen. Toni wollte sie sofort in das Album zurückstecken.“

Wortlos steht Britta Meyer auf und holt das Album aus dem Regal. Als sie die Seiten umblättert, werden unsere Augen groß. Keine einzige Münze ist in dem Album.

„Das verstehe ich nicht.“ Ich stottere richtig. „Dann liegen die Münzen immer noch unter dem losen Brett in der Mühle?“

„Eben nicht“, seufzt Britta Meyer bedrückt. „Als Toni heute Morgen die Münzen holen wollte, waren sie verschwunden. Ich habe mich selbst davon überzeugt, als er entsetzt angelaufen kam. Klaus hat die ganze Geschichte natürlich auch erfahren. Er ist sehr böse geworden und hat in der ersten Erregung Toni beschuldigt, die Münzen gestohlen zu haben. Ihr müsst meinen Mann verstehen. Die Münzen bedeuten ihm sehr viel. Sein Großvater hat bereits mit dem Sammeln angefangen, und es befinden sich einige sehr wertvolle Münzen darunter.“

Wir schweigen erschrocken. Meine Gedanken arbeiten fieberhaft.

„Aber wer könnte sonst noch in der Mühle gewesen sein?“, überlegt Bastian stirnrunzelnd. „Als wir am Sonntag morgen nach Hause fuhren, waren sie noch da. Warum hat Toni sie nicht gleich geholt?“

„Mein Mann lag den ganzen Sonntag auf der Couch hier im Wohnzimmer, weil sein Fuß schmerzte. Da konnte Toni nicht an das Album heran. Als er die Münzen heute Morgen holen wollte, waren sie verschwunden, obwohl den ganzen Sonntag über und auch heute niemand die Mühle betreten hat."

„Und trotzdem sind die Münzen verschwunden?" rufe ich verblüfft. „Sie können sich doch nicht in Luft aufgelöst haben."

„Was sagt denn Toni dazu?" fragt Bastian.

„Gar nichts. Nachdem mein Mann ihm gesagt hat, dass er ihn für den Dieb hält, wollte er sofort zu euch fahren, damit ihr ihm bei der Suche nach den Münzen helft. Er war völlig verstört. Mir hat das so leid getan."

„Vielleicht ist er zu Flo gefahren", tröste ich Britta Meyer. „Wir radeln gleich mal hin und sehen nach."

„Das wäre sehr nett von euch."

„Komm, Bandit", rufe ich meinen Kater.

Bandit will sich nicht von einem Stück Papier trennen, das er unter der Couch hervorgezogen hat. Spielerisch schlägt er mit der Pfote danach, rutscht auf dem Papier herum, flitzt begeistert hin und her.

Ich nehme ihm den Zettel weg und will ihn gerade achtlos zerknüllen, als ich jäh innehalte. Der Zettel ist auf einer Seite beschrieben. In schnell hingekritzelter Jungenhandschrift steht dort:

Liebe Tante Britta, lieber Onkel Klaus, damit Ihr Euch nicht länger über mich ärgern müsst, habe ich beschlossen wegzugehen. Ich bin kein Dieb. Aber ich weiß auch nicht, wer die Münzen genommen hat. Wenn Ihr diesen Zettel findet, bin ich schon auf dem Weg zu Ma und Pa nach Amerika."

Und darunter kaum lesbar: Euer Toni

Die Buchstaben sind verwischt, als ob Toni beim Schreiben geweint hätte.

Britta Meyer wird immer blasser, als ich den Zettel vorlese „Dieser dumme Junge. Rennt einfach fort.

Klaus hat das doch gar nicht so gemeint. Wo kann er nur stecken? Er will doch nicht im Ernst nach Amerika?“

„Er hat ja kein Boot.“ Ich versuche sie zu beruhigen.

„Man braucht zumindest ein Boot, um die Elbe hinunter in die Nordsee und von dort in den Atlantik nach Amerika zu schippern.“

„Das alte Schlauchboot“, schreit Britta Meyer entsetzt auf. Sie rennt die Treppe zum Speicher hinauf. Wir folgen ihr ratlos.

„Das Schlauchboot ist verschwunden“, stammelt sie.

„Hier in der Ecke hat es immer gelegen. Es ist fort, und der Blasebalg ebenfalls. Mein Gott, der Junge wird sich doch nicht in diesem winzigen Schlauchboot auf den Fluss gewagt haben. Ich kann ja meiner Schwester nie wieder in die Augen sehen, wenn ihm etwas passiert.“

Vor Angst wie von Sinnen, läuft sie in die Backstube hinüber. Wir können ihr kaum folgen.

„So beruhige dich doch, Britta“, versucht Klaus Meyer seine Frau zu trösten. „Ich rufe sofort die Polizei an. Die finden Toni bestimmt.“

Bastian und mich hält jetzt nichts mehr in der alten Mühle.

„Gut, dass du den Zettel noch rechtzeitig gefunden hast, Bandit“, lobe ich meinen Kater, während ich ihn rasch in den Fahrradkorb setze. „So weit kann Toni mit dem Schlauchboot noch nicht gekommen sein.“

Bastian und ich schwingen uns auf die Räder und radeln wie gehetzt nach Diekhusen zurück.

„Bei dem Tempo hätten wir bestimmt die Tour de

France gewonnen“, japst Bastian, als wir schweißnass vor Haus Nummer 1 von den Rädern springen.

Wie wir schon befürchtet haben, hat Flos Mutter Toni nicht gesehen. Niemand von allen Leuten in Diekhusen, die wir fragen, hat einen kleinen Jungen mit dunklen, lockigen Haaren gesehen.

Ich fahre nach Hause und rufe bei Heike an. Wir benutzen das Telefon nur in äußersten Notfällen, da wir ja unsere Geheimsprache haben. Ein solcher Notfall ist jetzt eingetreten.

„Das schockt“, schreit Heike mir ins Ohr, als ich atemlos den Vorfall berichte. „Wartet am Hafen auf uns. Heiko und ich kommen sofort mit der HAI rüber.“

Wo steckt Toni?

Ich lege den Hörer auf und flitze in den Garten. Meine Mutter nimmt gerade Bettwäsche von der Leine und legt sie ordentlich gefaltet in den Wäschekorb.

„Mama, Toni ist verschwunden“, stoße ich atemlos hervor.

Mama legt den Bettbezug in den Korb und blickt mich erstaunt an. „Wieso? Was heißt das, verschwunden?“

„Er ist mit einem Schlauchboot nach Amerika gefahren.“

„Sabine, willst du mich verulken?“ Mamas Stimme klingt ärgerlich.

„Nein“, beteuere ich und schildere hastig unser Erlebnis in der alten Mühle. „Toni hat es sich so zu Herzen genommen, dass sein Onkel ihn als Dieb verdächtigt hat, dass er einfach auf und davon ist. Ein Glück, dass Bandit seine Nachricht rechtzeitig gefunden hat. Der Zettel muss unter die Couch geweht worden sein."

Meine Mutter hört kaum noch zu. Sie steigt rasch die Stufen im Deich hinauf. Ich folge hastig. Angestrengt blicken wir über den Fluss. Aber so gründlich wir auch Ausschau halten, weit und breit können wir kein Schlauchboot entdecken. Nur die Ladebäume eines Frachters tauchen hinter den Baumwipfeln des Bananensandes auf, und ein kleines Segelboot nimmt Kurs auf den Hafen.

„Das sind Heike und Heiko", erkläre ich Mama aufgeregt. „Sie holen mich ab. Wir wollen weiter Ausschau halten. Vielleicht entdecken wir Toni."

„Viel wichtiger ist, dass die Wasserschutzpolizei informiert wird", ruft Mama.

„Hat Herr Meyer bereits getan."

„Hoffentlich ist dem Jungen nichts geschehen." Mit besorgtem Gesicht steigt sie den Deich wieder hinunter. Da stößt sie plötzlich einen empörten Schrei aus. „Das darf doch nicht wahr sein. Keine Sekunde kann man dich allein lassen, du schlimmer Kater."

Ich muss lachen, obwohl ich Mama den Ärger nachfühlen kann. Es sieht aber auch zu komisch aus. Bandit hat sich mit Unschuldsmiene auf den frisch gewaschenen Bettlaken im Korb zusammengerollt und putzt sich.

Als er Mamas empörten Aufschrei hört, öffnet er das gesunde Auge und späht über den Rand des Korbes. Meine Mutter eilt schimpfend auf ihn zu. Da verlässt er mit einem gewaltigen Satz das gemütliche Schlafplätzchen und sucht das Weite.

Auf dem weißen Laken bleiben ein paar dunkle Pfotenabdrücke zurück.

„Mein Gott“, ruft Mama. „Nun muss ich das Betttuch noch mal waschen.“

Ich laufe rasch über die Deichkrone zum Café. Im Gastraum stehen die Stühle auf den Tischen, und Tante Almut fuhrwerkt mit einem Riesenstaubsauger herum.

„Bastian, wo steckst du?“, rufe ich.

Bastian erscheint mit einem dicken Wurstbrot hinter dem Tresen. „Was ist los?“

„Heike und Heiko kommen mit der Jolle rüber. Wir wollen Toni suchen.“

Bevor Tante Almut ihren Staubsauger abstellen kann, um uns nach Einzelheiten zu fragen, sind wir wieder verschwunden.

Gleichzeitig mit der HAI langen wir an der Mole an. Seit drei Stunden ist Flut. Das auflaufende Wasser steigt immer höher an der Hafenmauer empor. Wir brauchen nur noch wenige Sprossen hinabzuklettern, um ins Boot springen zu können.

„Wo stecken Su und Flo?“, fragt Heike, während sie uns die Schwimmwesten reicht.

„Su spielt mit Flo in ihrem Zimmer“, erkläre ich. „Die haben von der ganzen Aufregung nichts mitgekriegt.“

„Umso besser“, brummt Bastian. „Die Kleinen würden uns nur im Weg sein.“

„Schießt los“, fordert Heiko uns auf. „Was ist passiert? Heike hat nur gesagt, dass Toni verschwunden ist.“

Wir erzählen den beiden ausführlich von dem Zettel und von Tonis Verschwinden. Heiko bleibt vor Staunen der Mund offenstehen.

„Hat er wirklich geschrieben, dass er nach Amerika will? Mit so einem Minischlauchboot? Das kann doch jede größere Welle umwerfen. Damit kommt er nicht mal bis zur Nordsee."

Heike blickt ihren Bruder ängstlich an. „Sag doch so was nicht", ruft sie beschwörend.

„In welcher Richtung wollen wir suchen?", erkundigt sich Heiko kauend.

„Flussabwärts natürlich", sagt Bastian. „Flussaufwärts landet er nicht in Amerika, sondern in Hamburg."

„Hm", sage ich zweifelnd. „Vielleicht weiß Toni gar nicht, in welcher Richtung er nach Amerika kommt."

„So blöd wird er ja wohl nicht sein", schnauzt Bastian mich an.

Ich zucke mit den Schultern und schweige lieber.

Als wir die Nordspitze des Bananensandes passiert haben und die rote Leuchttonne hinter uns zurückbleibt, segeln wir dicht am Rande des tiefen Fahrwassers entlang. Heike, die mit dem Fernglas Ausschau hält, deutet aufgeregt Flussabwärts. „Ich kann zwei Boote der Wasserschutzpolizei sehen. Sie suchen Flussabwärts."

Heike reicht mir das Fernglas, damit ich auch etwas sehen kann.

„Dann brauchen wir gar nicht weiter zu segeln", brummt Heiko missmutig. „Denen entgeht nichts. Sie werden Toni schnell finden. So weit kann er in seinem Schlauchboot noch nicht gekommen sein."

Plötzlich durchfährt mich einer meiner Geistesblitze. Ich lasse das Fernglas sinken und starre meine Freunde an.

„Vielleicht ist Toni doch flussaufwärts gefahren",

sage ich erregt.

„Aber dann kommt er nicht nach Amerika“, meint Heiko zweifelnd.

„Amerika, Amerika“, sage ich ungeduldig. „Toni hat zwar auf den Zettel geschrieben, dass er nach Amerika will, aber er ist doch nicht so dumm, dass er allen Ernstes glaubt, mit dem Schlauchboot so weit zu kommen.“

„Warum schreibt er dann Amerika, wenn er gar nicht dorthin will?“ Heiko blickt mich verständnislos an.

„Na, um seine Verwandten auf die falsche Fährte zu locken.“ Ich spiele jetzt meinen Trumpf aus. „Alle glauben nun, dass er flussabwärts gefahren ist, aber in Wirklichkeit . . .“

„. . . in Wirklichkeit ist er flussaufwärts gefahren“, unterbricht Heike mich entsetzt. „Gut, Sabine.“ Bastian nickt anerkennend. „Deine Schlussfolgerungen könnten stimmen. Aber wo steckt er nur?“

Plötzlich kommt uns fast gleichzeitig die Erleuchtung. Wie aus einem Mund rufen wir: „Auf der Vogelinsel.“

„Klar“, sagt Heiko. „Die Vogelinsel ist ein ideales Versteck.“

Heike fragt aufgeregt: „Erinnert ihr euch an unsere Segeltour vorgestern? Wir haben Toni von der Vogelinsel erzählt, während wir dort entlang gesegelt sind. Er selbst hat gesagt, dass dort ein prima Versteck wäre.

„Das ist so klar wie Fleischbrühe.“ ruft Bastian verblüfft.

„Toni ist nicht nach Amerika gefahren, sondern zur Vogelinsel.“

Heiko reißt die Pinne herum. „Achtung, klar zum

Wenden!“, ruft er.

Der Bug der HAI dreht sich folgsam in den Wind. Der Großbaum schwingt herum, und wir wechseln rasch auf die Steuerbordbank. Das Segel füllt sich erneut mit Wind, und die HAI segelt am Bananensand entlang zur Vogelinsel. Eine dichte Wolkenbank zieht im Westen herauf. Sie verdeckt die Sonne, die schon tief am Himmel steht.

„Schneller“, fordert Bastian ungeduldig. „Sonst schaffen wir es nicht mehr, bei Tageslicht die Vogelinsel zu durchsuchen.“

Heiko holt das Großsegel dichter, und Heike setzt zusätzlich das Vorsegel. Der Wind, der schräg von achtern kommt, ist jetzt kalt und schneidend.

Endlich tauchen rechter Hand die Umrisse der Vogelinsel auf. An unserer linken Seite zieht sich der Deich wie ein grüner Wurm am Ufer entlang. Diekhusen liegt bereits weit hinter uns.

Heike nimmt das Fernglas von den Augen. „Dort drüben am Ufer hängt etwas Gelbes zwischen den Stacks.“

Wir richten uns gespannt auf. Heiko hält bereits darauf zu. Und dann sehen wir, was wir die ganze Zeit über befürchtet haben. Es ist ein gelbes Schlauchboot, das dort kieloben am Stack angetrieben ist und von den Wellen wild hin und her geschleudert wird.

„Näher kann ich mit der HAI nicht ran“, ruft Heiko.

„Sonst laufen wir auf Grund. Oder wir müssen die Segel einholen und das Schwert einziehen.“

Der halbe Steindamm ist bereits von der Flut überspült. Sein Ende können wir nur an einer Pricke erkennen, die einsam aus dem Wasser ragt.

Unruhig blicken wir über die dunklen, schwarzen Wellen. Taucht nicht irgendwo der dunkle Schopf Tonis auf?

Eine Weile sind wir vor Angst ganz still.

„Bestimmt hat sich Toni auf die Vogelinsel retten können.“ Heike versucht uns Mut zuzusprechen. Ein Hoffnungsschimmer erfüllt uns.

„Toni ist bestimmt auf der Vogelinsel an Land gegangen“, sage ich laut. „Er hat das Boot nicht hoch genug auf den Strand gezogen, und die Flut hat es einfach fortgespült.“

„Ja.“ Bastian stimmt erleichtert zu. „So muss es gewesen sein.“

Dunkel und schweigend breitet sich die Vogelinsel in der Dämmerung vor uns aus. Ein paar Silbermöwen folgen uns schrill kreischend.

Plötzlich höre ich einen Laut. Ich lege den Kopf schief und lausche angestrengt.

„Ist was?“, fragt Heiko. „Psst“, mache ich. Und dann hat Heiko es auch gehört. Ich habe mich nicht getäuscht. Ein schwacher Hilferuf ertönt.

„Da ruft mitten im Fluss jemand um Hilfe.“ Bastian springt auf und reibt sich verdutzt die Augen. „Dabei ist kein Boot zu sehen.“

Wir spähen über das dunkle Wasser.

„Die Sandbank!“, schreit Heiko plötzlich. „Der Hilferuf kommt von der Sandbank.“

„Aber die liegt doch nur bei Ebbe frei“, sagt Heike verstört. „Die Flut läuft bereits seit drei Stunden auf. Die Sandbank ist bestimmt schon wieder unter Wasser.“

Aber da ist kein Zweifel möglich. Die Hilferufe wehen von der Untiefe herüber. Je näher wir kommen, umso angestrengter halten wir Ausschau.

„Ich sehe ihn. Ich sehe ihn!“, ruft Heike ganz aufgeregt, wild schwenkt sie das Fernglas hin und her.

Dann sehen wir ihn auch. Die Sandbank ist bereits überspült, und Toni steht bis zu den Knien im Wasser. Seine Kleidung ist klitschnass, er zittert heftig im kalten Wind.

„Halt aus, Toni“, ruft Heike ihm zu. „Wir holen dich.“

„Beeilt euch. Ich kann mich nicht mehr lange halten. Die Wellen werfen mich um.“

Bastian und Heiko lassen in fliegender Hast die Segel herunter. Ich ziehe das Schwert im Schwertkasten hoch, damit die HAI nicht auf die Sandbank auffährt. Ohne Schwert hat sie nur fünfzehn Zentimeter Tiefgang und kann überall anlegen. Langsam treiben wir an Toni heran.

Er hat keine Kraft mehr, um sich allein ins Boot zu ziehen. Heike und ich fassen seine Arme. Bastian zieht die Schuhe aus, krempelt die Jeans hoch und springt aus der Jolle. Während Heike und ich an Tonis Armen ziehen, schiebt Bastian an seinen Beinen. So hieven wir ihn wie einen nassen Sack ins Boot. Schwer atmend bleibt Toni auf den Planken liegen. Sein Gesicht ist leichenblass, und seine Zähne klappern heftig.

„Er ist total unterkühlt“, ruft Heiko, während er mit dem langen Ruder die Jolle von der Sandbank wegstakt. „Er muss so schnell wie möglich ins Warme.“

Wir betrachten Toni angstvoll. Seine Augen sind geschlossen, die Zähne schlagen noch immer aufeinander. Es hört sich schrecklich an. Hilfesuchend blicke ich mich um. Bis zum Bananensand und bis nach Diekhusen ist es noch weit. Ist denn niemand da, der Toni helfen kann? frage ich mich verzweifelt.

Rettung in letzter Sekunde

Plötzlich durchfährt mich ein jäher Schrecken. Der schnittige Bug des Zollkreuzers biegt langsam um die Vogelinsel.

Ich steige auf die Ruderbank, halte mich mit der einen Hand am Mast fest, schwenke mit der anderen wie verrückt meine Jacke und schreie wie von Sinnen um Hilfe, bis Heiko mich unsanft anstößt. „Hör auf, sie haben uns schon bemerkt. Bastian, nimm das andere Ruder, damit wir von der verflixten Sandbank runterkommen."

Bastian und Heiko legen die Riemen in die Dollen und rudern in tieferes Wasser.

Kurze Zeit später liegt der Zollkreuzer neben uns, und mein Vater beugt sich über die Reling. „Was macht ihr denn um diese Zeit noch hier . . ." Der Rest des Satzes bleibt unvollendet. Er hat Toni gesehen, der reglos im Boot liegt. Rasch gibt Papa seinen Männern ein paar Kommandos.

Herr Wegener, ein Kollege von Papa, schwingt sich zu uns in die Jolle. Er nimmt den leblosen Toni auf die Arme und reicht ihn den Männern, die sich hilfreich herunter beugen und ihn rasch an Bord ziehen.

Heiko wirft meinem Vater ein Tau zu. Papa fängt es auf und legt es um einen Poller. Einer nach dem anderen steigen wir auf den Kreuzer über, der langsam Fahrt aufnimmt und die HAI wie ein Spielschiffchen an der Leine hinter sich herzieht.

„Setzt euch in den Abfertigungsraum“, ruft Papa uns zu, während er auf die Brücke eilt.

Wir machen lange Gesichter. Was sollen wir allein im Abfertigungsraum? Uns interessiert viel mehr, wie es Toni geht. Wir schleichen den schmalen Niedergang hinunter und landen in der Küche. Harald Wegener, der heute Küchendienst hat, gießt gerade Tee auf. Neugierig stecken wir unsere Köpfe in den Gemeinschaftsraum, der sich vorn im Bug befindet. Der große Raum mit den sechs Kojen und dem großen Klapptisch in der Mitte ist leer.

„Steht mir hier nicht herum“, brummt Wegener. „Euer Freund ist im Maschinenraum.“

„Im Maschinenraum?“

Er muss über unsere fassungslosen Gesichter lachen.

„Der Junge war total durchnässt und durchgefroren. Im Maschinenraum ist es am wärmsten.“

„Dürfen wir mal nach ihm sehen?“

Wegener nickt. Wir öffnen die Tür und prallen unwillkürlich zurück. Obwohl die beiden Maschinen, die je 1250 PS haben, nur mit halber Kraft laufen, geben sie so viel Wärme ab, dass uns ist, als steckten unsere Köpfe in einem Backofen.

„Sind nicht mal 40 Grad Celsius“, lacht der Erste Ingenieur, der mit aufgekrempelten Hemdsärmeln umherläuft.

„Puh“, stöhnen wir und ziehen unsere dicken Jacken aus.

Toni liegt, in warme Decken eingewickelt, mit geschlossenen Augen in einem Lehnstuhl. Sein Gesicht hat wieder etwas Farbe bekommen, und die Zähne klappern nicht mehr.

Wir betrachten ihn eine Weile schweigend, bis er

plötzlich die Augen öffnet und uns anblinzelt.
„Wie geht es dir denn?“, erkundigt sich Bastian besorgt.
„Ach, schon wieder besser. Aber lange hätte ich es auf der Sandbank nicht mehr ausgehalten.“ Und dann fügt er leiser hinzu, sodass wir ihn bei dem Lärm im Maschinenraum kaum verstehen: „Vielen Dank, dass ihr mich gerettet habt.“
„Ach“, brummt Heiko abwehrend. „Das war doch selbstverständlich.“
Ich kauere mich neben Toni nieder. „Bedank dich bei Bandit. Der hat deinen Zettel unter der Couch gefunden. Sonst würde er vielleicht immer noch dort liegen, und niemand hätte dich vor heute Abend vermisst.“
„Ein Glück, dass Sabine deine Amerika-Fahrt rechtzeitig durchschaut hat“, fügt Heike hinzu.
„Mann, du hast vielleicht einen Wirbel verursacht“, ruft Heiko. „Die Wasserschutzpolizei sucht dich mit mehreren Booten flussabwärts.“
„Das wollte ich nicht“, sagt Toni leise. „Ich wollte nur weg von Onkel Klaus, weil er mich für einen Dieb hält. Und da ist mir die Vogelinsel eingefallen. Damit mich dort niemand sucht, habe ich geschrieben, dass ich zu meinen Eltern nach Amerika fahre.“
„Amerika ist gut“, brummt Harald Wegener, der mit einer dampfenden Teetasse erscheint. „Du bist ja nicht mal bis zur Vogelinsel gekommen. So, jetzt trinkst du die Tasse aus, damit dir wieder warm wird.“
Tino trinkt gehorsam in kleinen Schlucken.
„Sabine, hol doch mal die Kanne aus der Kombüse, und bring ein paar Tassen mit. Etwas Warmes tut

euch jetzt auch gut."

„Na, eine eisgekühlte Cola wäre mir lieber bei der Affenhitze hier", stöhnt Heiko und wischt sich den Schweiß von der Stirn.

„Was ist eigentlich wirklich passiert?", erkundigt sich der Ingenieur. „Wir haben nur über Funk gehört, dass ein Junge in einem Schlauchboot vermisst wird. Da haben wir uns sofort an der Suche beteiligt."

Toni erzählt stockend, dass das Schlauchboot, noch bevor er die Vogelinsel erreichte, von einer großen Welle umgeworfen wurde. Er selbst wurde unter Wasser gedrückt. Als er prustend wieder an die Oberfläche kam, schwamm das Boot bereits einige Meter weit weg. Aber ganz in der Nähe befand sich die Sandbank, zu der er sich schwimmend retten konnte. Da saß er nun fest und musste mit Entsetzen sehen, wie die Flut kam und das Wasser immer höher stieg.

„Was um alles in der Welt wolltest du auf der Vogelinsel?" fragt Harald Wegener kopfschüttelnd.

„Ich wollte mich dort verstecken, weil ich mich über meinen Onkel so aufgeregt habe. Er hat mich einen Dieb genannt."

„Meine Güte", ruft der Ingenieur aufgebracht. „Man kann doch nicht gleich davonlaufen, wenn man einmal zu Unrecht verdächtigt wird. Hättest du mit deinem Onkel in Ruhe über die Angelegenheit gesprochen, hätte er dir bestimmt geglaubt. Das hat er nur in der ersten Aufregung gesagt."

Toni nickt zögernd.

Der Ingenieur spricht eine Weile mit meinem Vater auf der Brücke. Dann ruft er uns zu: „Ihr vier sollt an Deck kommen. Diekhusen ist in Sicht."

Als Heike, Heiko, Bastian und ich unsere Nasen an die frische Luft stecken, taucht der Anlegesteg des Bananensandes vor uns auf.

„So, ihr beiden“, sagt Papa zu Heike und Heiko. „Euch setzen wir hier an Land. Lauft rasch nach Hause, damit sich eure Eltern nicht auch noch Sorgen machen.“

Der Zollkreuzer legt kurz am Steg an, damit Heike und Heiko hinüberspringen können. Ich werfe ihnen die Leine der HAI zu. Heiko vertäut seine Jolle ordentlich am Steg, während der Zollkreuzer bereits wieder ablegt und Kurs auf den Hafen von Diekhusen nimmt.

Schon von weitem erkenne ich den Kombi der Meyers auf der Mole. Papa hat über Funk Bescheid gegeben, dass wir Toni gefunden haben, und die Polizei hat die Meyers daraufhin sofort benachrichtigt. Außer Klaus Meyer, der auf einem Poller sitzt, und Britta Meyer mit Katrin und Birthe an der Hand, warten auch meine Mutter und Tante Almut mit Flo und Su auf der Mole.

Als der Zollkreuzer anlegt, hilft einer von Papas Kollegen Britta Meyer an Bord, die für Toni trockene, warme Wäsche mitgebracht hat. Papa zeigt ihr den Weg zum Maschinenraum.

Warm eingepackt, mit einer dicken Wollmütze auf dem Kopf und einem meterlangen Schal um den Hals, erscheint Toni an der Hand seiner Tante an Deck.

Britta Meyer weint ein wenig, als sie sich bei meinem Vater und Bastian und mir bedankt.

„Ich hoffe, dass dir die Lust zu solchen Ausflügen ein für allemal vergangen ist“, sagt Papa zu Toni. Er hat sein strenges Dienstgesicht aufgesetzt.

Toni schluckt und verspricht, nicht wieder vor jeder Schwierigkeit davonzulaufen.

Papa gibt ihm einen aufmunternden Klaps auf die Schulter.

Klaus Meyer schließt seinen Neffen auf der Mole in die Arme und brummt: „Toni, was machst du nur für Geschichten? Warum hast du nicht in Ruhe mit mir gesprochen?"

„Ich bin kein Dieb", sagt Toni trotzig.

„Das weiß ich. Es ist mir in der Aufregung so herausgerutscht. Bitte entschuldige, Junge."

„Sind die Münzen wieder da?"

„Nein. Aber die Münzen sind nicht wichtig. Ich wäre mein Leben lang nicht mehr froh geworden, wenn dir etwas passiert wäre."

„Das Schlauchboot ist auch weg", sagt Toni leise.

„Nein", berichtigt Bastian. „Es ist eine Strecke stromaufwärts zwischen den Stacks angetrieben."

„Lasst doch das dumme Schlauchboot", ruft Britta Mey er. Sie ist überglücklich, dass Toni wieder gesund neben ihr steht. Rasch schiebt sie ihn in den Wagen und drängt die anderen einzusteigen. Der Motor brummt auf, und der Kombi fährt durch die Lücke im Deich.

Auch der Zollkreuzer legt wieder ab. Papa winkt uns noch einmal zu, bevor er wieder auf der Brücke verschwindet

Erst jetzt kommen Tante Almut, Mama, Su und Flo dazu, Bastian und mich auszufragen.

„Ihr habt Toni wirklich von der Sandbank gerettet?", fragt Flo mit runden Augen immer wieder.

„Ich wäre auch gern mitgekommen, um Toni aus dem Wasser zu fischen", ruft Su empört dazwischen.

„Was können wir dafür, wenn du stattdessen lieber

mit Puppen spielst?“, rufe ich ihr zu.

Su streckt mir die Zunge heraus.

„Kommt nach Hause, Kinder.“ Meine Mutter erschauert. „Es wird dunkel und kalt.“

„Wir müssen uns morgen unbedingt auf dem Ausguck treffen“, rufe ich Bastian noch zu, als wir über den Deich nach Hause gehen. „Die Münzen können sich ja nicht in Luft aufgelöst haben.“

Eine heiße Spur

Erleichtert klappe ich das Englischbuch zu. Ich habe Vokabeln gelernt, dass mir der Kopf raucht. Jetzt soll Frau Maak von mir aus eine Englisch-Arbeit schreiben lassen, ich habe ein gutes Gewissen.

Als ich zufrieden auf meine Armbanduhr blicke, zucke ich erschrocken zusammen. Das gibt's doch nicht. Schon vier Uhr. Um halb vier wollten wir uns am Ausguck treffen. Hat Su etwa auch die Zeit verpasst? Rasch blicke ich in ihr Zimmer. Niemand ist da.

Immer drei Stufen auf einmal nehmend, springe ich die Treppe hinunter. „Mama, ist Su schon fort?“

„Schon lange. Sie wollte zu eurem Geheimtreffpunkt.“

„Warum hat sie mir denn nicht Bescheid gesagt?“ Ich ärgere mich.

„Weil ich ihr gesagt habe, dass sie dich in Ruhe lernen lassen soll. Wenn du schon mal so einen Eifer an den Tag legst, was selten genug vorkommt, soll sie dich nicht stören.“

Ich schneide eine Grimasse. Mütter sind manchmal

furchtbar. Als ich meine Jacke vom Garderobenhaken reiße, fällt mir ein, dass ich das Abzeichen vergessen habe. Auch das noch. Ohne Abzeichen darf niemand den Ausguck betreten. Ich renne in mein Zimmer zurück, ziehe die Schreibtischschublade auf und fische ein viereckiges, blaues Stück Stoff heraus, auf das eine gelbe 8 gestickt ist. Mit einer Sicherheitsnadel stecke ich es an meine Jacke, rufe Mama rasch „tschüs“ zu und bin wie der Blitz zur Haustür hinaus.

Ich laufe über den Strand und tauche in den Schilfwald ein, dessen Halme raschelnd über mir zusammenschlagen. Außer Atem hetze ich über den schmalen Pfad und schiebe mit den Armen die Schilfhalme beiseite. Ein schmaler Sandstrand breitet sich vor mir aus, auf dem sich einzelne Weiden angesiedelt haben. Aus der dicksten Weide vor mir hängt einladend eine Strickleiter. Ich packe sie und turne rasch hinauf. Als ich meinen Kopf über die Plattform unseres Ausgucks hebe, sehe ich fünf Paar kleine und große Füße, die unruhig auf und ab trampeln. Ich blicke an den Jeans und Sweatshirts hinauf in die Gesichter meiner Freunde.

Grimmig sehen alle auf mich herab, ausgenommen Flo, der sein Gesicht hinter einem Taschenbuch versteckt hat.

Bandit steht auf dem Regal und beschnuppert Heikos Kaugummikugeln. Mit seinem gesunden Auge schielt er dabei zu Heike hinüber. Aber der Goldhamster lässt sich wohlweislich nicht blicken. Er bleibt in seinem sicheren Versteck unter Heikes Sweatshirt.

„Na, endlich“, empfängt mich Bastian. Ungnädig hält er mir seine Armbanduhr unter die Nase. „Wir warten seit einer Stunde auf dich."

„Seit genau fünfundvierzig Minuten", berichtige ich und zwänge mich neben Heike auf die Sitzbank.

„Wo hast du denn so lange gesteckt, Sabine?", fragt Heike vorwurfsvoll.

„Englisch gelernt."

„Echt? Wir dachten, Su wollte uns einen Bären aufbinden, als sie sagte, du lernst Vokabeln."

„Igitt." Heiko verzieht angewidert das Gesicht. Vom Lernen hält er noch weniger als ich. Ihm genügt es, wenn er mit der Jolle umgehen und Traktor fahren kann.

„Dann schreibst du ja in der nächsten Arbeit eine Eins", spottet Bastian.

„Genau", antworte ich schnippisch. „Warum sollst nur du allein eine Eins schreiben?"

„Hört auf mit dem Quatsch", beschwichtigt Heike. „Ich denke, wir sind hier zusammengekommen, um zu beraten, wo die Münzen geblieben sein könnten."

„Okay." Bastian nimmt das Gurkenglas vom Regal und holt Notizblock und Kugelschreiber heraus. „Die Sitzung ist eröffnet."

Su stupst Flo in den Rücken und nimmt ihm einfach das Buch weg. „Flo, du sollst jetzt nicht lesen, sondern nachdenken, wo der Schatz geblieben ist."

„Wo schon", brummt Flo ärgerlich und angelt nach seinem Buch. „Wenn Toni ihn nicht genommen hat, muss ihn eben ein anderer geklaut haben."

„Aber wer?", überlegt Heike. „Toni und Heiko haben die Münzen doch wieder unter das lose Brett geschoben, sodass niemand sie sehen konnte."

„Moment", unterbreche ich sie aufgeregt. „Toni und Heiko haben die Münzen zwar hastig unter das

Brett geschoben, aber wenn ich mich recht erinnere, lagen zwei oder drei daneben, als wir am Sonntagvormittag überstürzt losfuhren. Leider haben wir in der Eile nicht genau darauf geachtet. Erinnert ihr euch nicht?“

„Husch hat sie in der Nacht bestimmt rausgerollt und mit ihnen gespielt.“ Su kichert.

„Und die verräterischen Münzen hat am anderen Tag irgendjemand gefunden“, ruft Flo begeistert.

„Klar“, stimmt Heiko zu. „Dieser Jemand hat ein bisschen rumgeschnüffelt und dabei auch die restlichen Münzen entdeckt.“

„Aber wer ist dieser Jemand?“, überlegt Bastian angestrengt. „Frau Meyer hat uns gestern gesagt, dass sich kein Fremder nach uns in der Mühle aufgehalten hat.“

„Wir müssen eben noch mal zur alten Mühle radeln“, schlage ich kurz entschlossen vor. „Vielleicht ist doch jemand dort gewesen, an den sich Frau Meyer gestern in der Aufregung nicht erinnert hat. Am besten, wir fragen sie noch mal. Irgendjemand muss die Münzen ja geklaut haben.“

„Vielleicht waren es die Mühlengeister“, flüstert Flo ängstlich.

„Du bist selbst ein Geist“, spottet Su und haut ihm das Taschenbuch auf den Kopf.

Flo boxt wütend zurück.

„Okay“, stimmt Bastian zu. Außer einem großen Fragezeichen steht nichts auf seinem Notizblock. „Holen wir unsere Räder.“

„Bei der Gelegenheit können wir gleich ein kleines Geschenk für Toni kaufen.“ Heike steht auf. „Werft mal euer Taschengeld zusammen.“

Bei dem Wort Taschengeld macht Heiko ein langes

Gesicht. Sein Geld reicht komischerweise nie. Es zerrinnt ihm einfach so zwischen den Fingern. Kein Wunder, bei seinem Kaugummiverbrauch.

„Weiß jemand, wie es Toni geht?“, erkundige ich mich.

„Ich habe vorhin mal angerufen“, erklärt Bastian. „Seine Tante sagt, dass er mit einer Erkältung im Bett liegt. Davon abgesehen geht es ihm ganz gut.“

Einer nach dem anderen klettern wir die Strickleiter hinunter und verschwinden im Schilf. Bandit folgt uns etwas langsamer.

Kurze Zeit später treffen wir uns mit unseren Fahrrädern vor Büntjes Laden. Wir suchen eine Tafel Schokolade, zwei Lakritzstangen und einen Riesenlolli aus. Heiko steuert noch zehn Kaugummikugeln bei, da er kein Geld mehr hat.

Frau Büntje packt uns alles in eine kleine Tüte. Sie bindet sogar noch ein rosa Band darum, als wir ihr erzählen, für wen die Süßigkeiten sind.

Vergnügt radeln wir zur Mühle hinaus, diesmal allerdings ohne meinen Kater, der es vorzieht, neben der Tigerkatze Mischka auf dem Mäuerchen sitzen zu bleiben.

Toni grinst, als wir in seinem Zimmer erscheinen und ihm die Tüte überreichen. Katrin und Birthe dürfen einmal von der Lakritzstange abbeißen und bekommen von Heiko zwei Kaugummikugeln geschenkt, worauf sie selig mit ihrem Schatz abziehen und uns mit Toni allein lassen.

Toni liegt mit rotem Gesicht und einem Schal um den Hals im Bett. Um ihn herum stapeln sich ganze Pakete mit Papiertaschentüchern.

„Kommt nicht so nah ran“, warnt er uns niesend. „Sonst steckt ihr euch an.“

„Erzähl mal“, fordern wir ihn auf. „Hast du dich mit deinem Onkel wieder vertragen?“

Toni berichtet mit krächzender Stimme, dass er sich mit seinem Onkel wieder versöhnt hat. Dann fügt er zögernd hinzu: „Ich sehe ja ein, dass es blöd von mir war, einfach so davonzulaufen . . .“ Erwartungsvoll blickt er uns an.

„Habt ihr eine Idee, wer die Münzen weggenommen haben könnte? Ich zerbreche mir schon den ganzen Morgen den Kopf darüber.“

„Vielleicht war ja doch ein Fremder in der Mühle“, sage ich hoffnungsvoll.

„Nein.“ Toni schüttelt den Kopf. „Den Gedanken könnt ihr euch abschminken. „Daran hat mein Onkel auch schon gedacht. Aber es ist niemand dagewesen, das wüsste Onkel Klaus.“

Enttäuscht blicken wir uns an. Was nun?

„Sei nicht traurig, Toni.“ Su tröstet ihn. „Wir werden den Fall schon aufklären, verlass dich drauf.“

„Nett von euch.“ Toni lächelt schwach. Wir verabschieden uns bald.

Flo lässt Toni sein Taschenbuch da, damit er sich nicht so langweilt.

Als wir unsere Räder vom Lagerhaus holen, kommt Arne aus der Tür.

„Tschüs, bis morgen“, ruft er in die Backstube. Er macht zwei Schritte rückwärts und stolpert über Sus Fahrrad. Su, Arne und das Rad fallen hin.

„Pass doch auf“, fährt Arne meine Schwester unwirsch an.

„Pass du doch auf“, herrsche ich Arne an und frage Su besorgt: „Hast du dir weh getan?“

Su klopft den Staub von ihrer Hose und sagt tapfer: „Nein.“

Arne schnappt wütend sein Mofa und stülpt sich den Helm über den Kopf. Als er Gas geben will, ruft Flo laut:

„Warte, Arne, hier liegt dein Portemonnaie. Es ist dir aus der Tasche gefallen."

Flo hebt eine zerfledderte Geldbörse auf. Als er sie Arne gibt, öffnet sie sich, und ein paar Münzen fallen heraus. Ich bücke mich, um sie aufzuheben. Plötzlich halte ich verblüfft inne. Zwischen den Groschen und Pfennigen liegt eine alte Silbermünze. Einige alte Koggen sind auf ihr abgebildet. Diese Münze gehört zu Tonis Schatz, ich erkenne sie genau wieder. Einen Moment bin ich vor Überraschung wie gelähmt.

„Du hast aber eine komische Münze in deinem Portemonnaie, Arne." Ich bemühe mich, meine Stimme möglichst harmlos klingen zu lassen.

Arne reißt mir grob die Münze aus der Hand. „Gib her, das ist meine."

„Wo hast du sie denn her?", frage ich harmlos.

„Das geht dich nichts an." Hastig fährt Arne davon. Langsam schieben wir unsere Räder über den Hof zur Straße.

„Die Münze gehört Tonis Onkel", sage ich erregt. „Da ist kein Irrtum möglich."

„Dann müsste Arne der Dieb sein", folgert Heike erschrocken.

„Na klar", ruft Bastian. „Warum haben wir daran nicht eher gedacht? Frau Meyer hat recht. Es war zwar kein Fremder in der Mühle, aber Arne hat doch jederzeit Zutritt. Bestimmt war er am Montagmorgen in der Mühle. Da hat er die einzelnen Münzen auf dem Boden gesehen und nach einigem Suchen auch die anderen unter dem Dielenbrett gefunden."

„Warum gibt er sie nicht einfach zurück?", fragt Heike verständnislos. „Er weiß doch sicher, was es hier für eine Aufregung wegen der Münzen gegeben hat und dass sie Herrn Meyer gehören."

„Vielleicht traut er sich jetzt nicht mehr", meint Flo.

„Oder er hat die anderen Münzen gar nicht mehr", platze ich heraus. „Erinnert euch doch. Jede freie Minute verbringt Arne anscheinend in der Spielhalle. Er hat sich von diesem komischen Typen sogar Geld geliehen."

„Mit den alten Münzen kann er nichts anfangen", sagt Heiko. „Die passen doch gar nicht in die Automaten."

„Das nicht." Bastian ist nachdenklich geworden. „Aber man kann sie verkaufen. Wie Britta Meyer sagte, sind einige sehr wertvolle Münzen darunter. He, vielleicht hat er sie bereits verkauft."

„Verkauft? Wo denn?"

„Na, im Briefmarkengeschäft. Der Inhaber kauft und verkauft nicht nur Briefmarken, sondern auch alte Münzen. Gleich morgen nach der Schule gehen wir in den Laden und erkundigen uns."

Die Sache klärt sich auf

Am nächsten Tag schleichen die Schulstunden nur so dahin. Nicht einmal Sport macht heute Spaß. Zum Glück fällt die letzte Stunde aus, sodass wir um 11.45 Uhr erleichtert davonstürmen können. Heiko, den wir auf dem Gang treffen, blickt uns sehnsüchtig nach. Er hat noch eine Stunde Erdkunde.

Heike, Bastian und ich laufen zu dem kleinen Briefmarkenladen. Im Schaufenster sind neben vielen verschiedenen Alben und Briefmarken auch einige Münzen ausgestellt.

Außer Atem gehen wir fünf Minuten vor Ladenschluss hinein.

„Guten Tag“ grüß Bastian laut.

Ein älterer Mann mit dünnem Haar und einer dicken Hornbrille auf der Nase taucht hinter einem Vorhang auf.

„Na, was kann ich für euch tun?“

„Wir haben nur eine Frage. Ein Bekannter von uns, so ein langer, schlaksiger Junge mit blonden Haaren und einer Menge Pickel im Gesicht, hat gestern einige Münzen bei Ihnen verkauft. Ja, und jetzt möchte er sie gern zurückkaufen.“

„Warum verkauft er sie dann erst?“ Der alte Mann wundert sich. So etwas ist ihm wohl noch nicht vorgekommen. Aber er gibt bereitwillig Auskunft. „An den jungen Mann kann ich mich gut erinnern. Er hatte eine Menge Münzen dabei, zwei Silbermünzen habe ich ihm für dreihundert Euro abgekauft.“

Wir blicken uns vielsagend an.

„Und was ist nun? Soll ich die beiden Münzen erst mal zurücklegen?“

„Hm?“ macht Bastian verwirrt.

„Ihr sagtet doch, euer Bekannter wolle die Münzen zurückkaufen. Allerdings muss er dann eine Kleinigkeit mehr bezahlen. Schließlich lebe ich ja vom Verkauf.“

„Seien Sie doch so nett und legen Sie die Münzen bitte bis morgen zurück“, bitten wir.

Der alte Mann schlurft wieder hinter seinen Vorhang, und wir verlassen aufgeregt den Laden. Schräg gegenüber kommt gerade Arne mit zwei leeren Körben aus Meyers Laden. Ohne uns zu bemerken, steigt er in den Kombi und wendet in einer Toreinfahrt.

„Wo fährt Arne denn hin?“, überlege ich, als er in eine Nebenstraße abbiegt. „In die Richtung geht es doch gar nicht zur alten Mühle.“

„Aber zur Spielhalle“, weiß Heike.

Bastian rennt bereits hinter dem Wagen her. Keuchend langen wir noch vor Arne bei der Spielhalle an. Arne hat inzwischen den Wagen geparkt und will gerade durch die Drehtür verschwinden.

Arne stutzt, als er uns sieht.

„Was macht ihr denn hier?“, fragt er misstrauisch.

„An deiner Stelle würde ich mit dem Spielen aufhören, bevor es zu spät ist.“ sagt Bastian statt einer Antwort.

„Sich am Freitag krank melden und stattdessen in der Spielballe hocken, das sind die Richtigen“, füge ich bedeutungsvoll hinzu. „Wir wissen alles.“

„Ach, ihr spioniert mir nach. Dann rennt mal gleich zu Bäckermeister Meyer und verpetzt mich.“

„Wir petzen nicht“, sagt Heike beleidigt.

Arne stößt Bastian grob beiseite. „Es geht euch einen Dreck an, was ich mache. Und jetzt verschwindet.“

„Aber Meyers Münzen gehen uns was an“, antwortet Bastian in aller Seelenruhe.

Arne, der bereits halb in der Drehtür verschwunden ist, ist wie der Blitz wieder draußen. Erschrocken starrt er Bastian an. „Was für Münzen?“

„Na, die Münzen, die Toni unter dem losen Brett in der Mühle versteckt hat und die spurlos verschwunden sind, weil du sie weggenommen hast."

„Ich soll die Münzen weggenommen haben? Ihr spinnt doch." Sein Lachen soll höhnisch klingen, aber wir hören eine Unsicherheit heraus.

„Wir spinnen gar nicht, sondern wir haben Beweise", sage ich aufgebracht.

„Quatsch. Was denn für Beweise?"

„Nun, erstens hatte außer dir und Klaus Meyer keiner Gelegenheit, die Mühle zu betreten, und Meyer wird ja wohl kaum seine eigenen Münzen stehlen. Zweitens ist dir gestern eine Münze aus der Tasche gefallen. Ich habe sie genau wiedererkannt. Sie gehört zu Herrn Meyers Sammlung."

„Und drittens", fällt Bastian mir ins Wort, „waren wir eben im Briefmarkenladen. Der Händler hat uns erzählt, dass er dir gestern für dreihundert Euro zwei Münzen abgekauft hat."

„Na und? Ich sammele Münzen."

„Das wäre aber ein großer Zufall", spottet Heike. „Okay, wir können ja deine Oma fragen, bei der du wohnst. Sie wird bestimmt wissen, ob du Münzen sammelst."

„Lasst bloß meine Oma aus dem Spiel." Arne kaut finster auf seiner Unterlippe. Er fühlt sich gar nicht wohl in seiner Haut.

„Kommt mit in den Wagen", fordert er uns schließlich auf. „Ich nehme euch mit bis Diekhusen und erkläre euch unterwegs alles. Wir brauchen ja nicht so lange vor der Spielhalle rumzustehen."

Heike und ich klettern auf den Rücksitz. Bastian pflanzt sich auf den Beifahrersitz.

Während Arne langsam aus der Parklücke fährt, sagt er leise: „Es hat keinen Zweck mehr. Ich gebe ja zu, dass ich die Münzen genommen habe. Die Versuchung war einfach zu groß für mich. Zuerst dachte ich sogar, es wäre ein echter Schatz, der unter dem Brett versteckt lag. Aber als dann Toni verschwand, weil Herr Meyer ihn laut schimpfend für den Dieb hielt, kam ich dahinter, dass es seine Sammlung war, die Toni, aus was weiß ich für Gründen, unter dem losen Brett versteckt hatte."

„Mann, Arne", platzt Bastian heraus. „Warum hast du die Münzen nicht sofort zurückgegeben? Dann wäre den Meyers die ganze Aufregung um Tonis Verschwinden erspart geblieben."

„Ich weiß es auch nicht ... Ihr könnt ja nicht ahnen, was das für ein furchtbares Gefühl ist, wenn man so in der Klemme sitzt wie ich. Außerdem habe ich mir von so einem älteren Typ auch noch Geld geborgt, damit ich weiterspielen kann."

„Und natürlich hast du alles verloren", vollendet Heike.

„Ja. Der Mann wollte das Geld unbedingt gestern wiederhaben. Falls ich es ihm nicht geben würde, sollte ich als Gegenleistung bei irgendeinem krummen Ding, das er drehen will, Schmiere stehen."

„Das hast du hoffentlich nicht gemacht, Arne?" ruft Heike erschrocken.

„Nein. Deshalb kam mir ja der Schatz wie gerufen. Ich habe einfach zwei Münzen verkauft und von dem Geld meine Schulden bezahlt."

„Aber Arne", sage ich entsetzt. „In was bist du da nur reingeraten. Jetzt gibt es nur noch eine Möglichkeit. Du musst Herrn Meyer sofort erzählen, wie alles gekommen ist. Ganz ehrlich."

„Das kann ich nicht", sagt Arne bedrückt. „Wenn der Chef das erfährt, wirft er mich glatt aus der Lehre. Und dann? Kein Mensch nimmt mich mehr.

Dann bleibt mir nichts anderes übrig, als mich arbeitslos zu melden."

Bastian schaut Arne mitleidig an. „Da hast du dich aber in eine dumme Sache reingeritten."

Arne nickt. „Ich weiß nicht, wie ich da wieder rauskommen soll."

„Kauf doch einfach die zwei Münzen zurück", schlägt Heike vor. „Dann ist die Sammlung wieder vollständig."

„Kaufen ist gut", seufzt Arne. „Wo soll ich die dreihundert Piepen hernehmen?"

„Frag doch deine Oma, ob ..."

„.. meine Oma darf davon nichts wissen", wehrt Arne erschrocken ab. „Ihr Herz ist nicht mehr in Ordnung. Sie kriegt glatt einen Schlag, wenn sie davon erfährt."

Wir versinken in Schweigen. Erst als Arne vor Haus Nummer 8 anhält, um uns hinauszulassen, kommt mir eine Idee.

„Arne, sprich doch mal mit meinem Vater darüber. Vielleicht kann er mit Tonis Onkel reden und ihn ein wenig besänftigen. Aber spiel bloß nicht wieder an Glücksautomaten herum."

Da ich befürchte, dass Arne einfach losfährt, wenn wir aussteigen, bleiben Heike und Bastian bei ihm im Wagen sitzen, während ich an unserer Haustür Sturm klingele.

Zum Glück öffnet mein Vater. Mama hat ihm schon von Arnes Spielleidenschaft erzählt, und so ist er einigermaßen im Bilde, als ich ihm überstürzt erzähle, was heute geschehen ist.

Papa verspricht, gleich mit Tonis Onkel zu reden. Er steigt zu Arne in den Wagen, und die beiden fahren in Richtung Mühle davon.

Heike, Bastian und ich sehen dem Auto mit gemischten Gefühlen nach.

„Hoffentlich kann dein Vater Tonis Onkel besänftigen", sagt Heike. „Es wäre doch blöd, wenn Arne aus der Lehre fliegen würde. Dann würde es bestimmt noch schlimmer mit ihm werden."

Als Arne meinen Vater im Wagen zurückbringt, laufen wir noch immer unruhig auf unserer Auffahrt hin und her. Erwartungsvoll blicken wir meinen Vater an, als er aus dem Auto springt.

„Klaus Meyer ist zum Glück sehr einsichtig", berichtet Papa uns. „Arne darf seine Lehre zu Ende machen, aber nur unter der Bedingung, dass er von jetzt ab um jede Spielhalle einen großen Bogen macht."

„Toll!", rufen wir begeistert. „Aber was ist mit den fehlenden zwei Münzen?"

„Die kauft Klaus Meyer erst mal selbst zurück. Allerdings muss Arne jeden Monat von seinem Lohn so lange etwas abgeben, bis er die Münzen bei Tonis Onkel wieder abbezahlt hat. Ja, und von Toni soll ich euch ausrichten, dass er wieder gesund ist. Wenn ihr Lust habt, könnt ihr ihn heute Nachmittag besuchen."

Ich falle meinem Vater um den Hals: „Du bist wirklich der Größte!".

Als Heiko, Su und Flo aus dem Schulbus steigen, warten wir schon aufgeregt an der Haltestelle. Sie sperren Augen und Ohren auf, als wir mit unseren Neuigkeiten heraus platzen.

Am Nachmittag radeln wir wieder zur alten Mühle hinaus. Sus Puppe Gerapita verliert natürlich wieder ihre Schuhe. Kater Bandit bleibt geduldig im Fahrradkorb sitzen. Er springt erst heraus, als wir mit lautem Geklingel auf den Hof der Mühle fahren.

„Kommt rein", ruft Birthe uns zu. „Toni ist im Wohnzimmer. Kommst du auch mit, Bandit?"

Aber Bandit hat bereits die beiden Tigerkatzen erspäht. Er läuft zügig hinter das Lagerhaus, um sie zu begrüßen.

„Darf ich deinen Goldhamster mal streicheln?" bittet die kleine Katrin.

„Ja", nickt Heike. „Aber ganz vorsichtig."

Birthe eilt voran und öffnet die Tür. Klaus Meyer sitzt in einem Sessel und ordnet seine Münzen wieder ein.

Toni liegt auf dem Bauch auf dem Teppich und bekritzelt eifrig ein Blatt Papier.

„Was machst du da?", erkundigt sich Su neugierig.

„Siehst du nicht, dass ich einen Brief schreibe?"

„An wen denn?" Su beugt sich interessiert vor und

liest ungeniert: „Liebe Ma, lieber Pa, Ihr werdet nicht glauben, was hier in so kurzer Zeit für aufregende Dinge passiert sind."

„Also." Su lächelt zufrieden. „Dann findest du es hier nicht mehr öde und langweilig?"

„Bestimmt nicht!", ruft Toni.

„Ach, du schreibst nur einen Brief an deine Eltern", unterbricht Flo enttäuscht. „Und ich dachte schon, du hättest eine Geheimschrift ausgeknobelt."

Toni starrt Flo eine Weile wie gebannt an. Dann springt er auf. „Eine Geheimschrift, das ist die Idee. Ich denke mir eine Geheimschrift aus und verstecke sie irgendwo in der Mühle. Ihr müsst sie suchen und …"

„Stopp!", ruft Klaus Meyer schnell und hebt beide Hände.

„Versteckt eure Geheimschrift, wo ihr wollt, aber nicht mehr in der Mühle. Wer weiß, was sonst wieder für seltsame Verwicklungen dabei herauskommen. Bei euch ist doch ständig etwas los."

Wir lachen alle.

Hier wohnen die Acht von großen Fluss

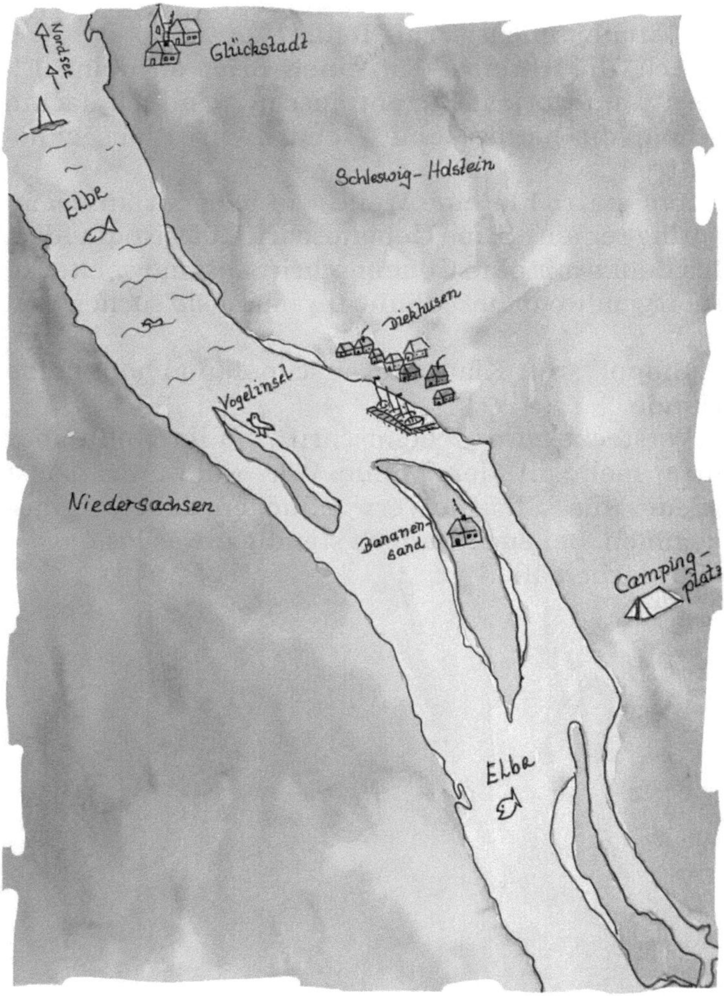

So sieht es auf Bananensand aus

Leibniz-Blätter zum Bestellen

Ausgabe 1 (vergr.)

Ausgabe 2

Ausgabe 3

Ausgabe 4

Ausgabe 5

Ausgabe 6

Ausgabe 7

Ausgabe 8

Ausgabe 9

Ausgabe 10

Ausgabe 11

Ausgabe 12

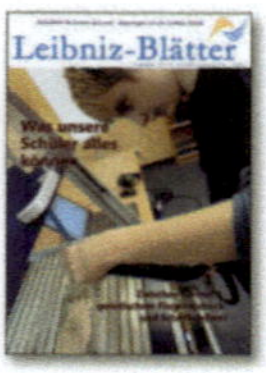

Ausgabe 13

Ausgabe 14

Ausgabe 15

Ausgabe 16

Ausgabe 17

Ausgabe 18

Ausgabe 19

Ausgabe 20

Ausgabe 21

Ausgabe 22

Ausgabe 23

Ausgabe 24

Ausgabe 25

Ausgabe 29

Ausgabe 31

Ausgabe 32

Ausgabe 33

Ausgabe 34

Ausgabe 36

Ausgabe 37

Ausgabe 38

Ausgabe 39

Ausgabe 40

Ausgabe 41

Die bisher erschienenen Ausgaben der Leibniz-Blätter können unter redaktion@leibniz-privatschule.de bestellt werden.

Leibniz Blätter Verlag – aus dem Buch-Programm

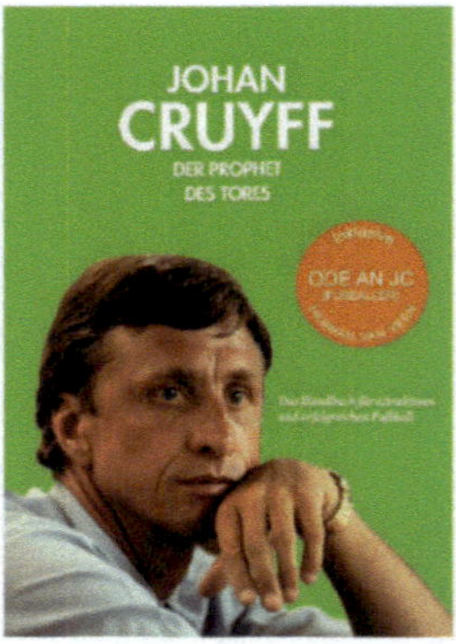

LEIBNIZ BLÄTTER VERLAG